〈地経学〉時代の欧州統合

ドイツ・パワーの逆説

The Paradox of German Power

〔著者〕
ハンス・クンドナニ　Hans Kundnani
〔訳者〕
中村登志哉　Toshiya Nakamura

一藝社

目次

第2章 理想主義と現実主義 Idealism and Realism

第3章 継続と変化 Continuity and Change

第4章 侵略者と犠牲者 Perpetrators and Victims

第5章 経済と政治 Economics and Politics

第6章 欧州と世界 Europe and the World

結論 地経学的な準覇権国家 Geo-Economic Semi-Hegemony

序論
歴史の回帰か
The Return of History?

ドイツの歴史家は、ドイツ連邦共和国における最近20年間を、サクセスストーリーとして描いてきた。ドイツがいかにして１９４５年の廃墟から立ち上がり、民主主義国家として成功したか、いかにしてナチスの過去を償い、自由な政治文化を発達させてきたか、また、いかにして相互に依存する統合欧州の一員となったか、といった軌跡が叙述されてきた。そうした物語は１９９０年のドイツ統一で最高潮に達し、その物語の正しさが確認された。

ハインリヒ・アウグスト・ヴィンクラーが述べたように、統一ドイツは「ポスト古典的民主主義国家であり、北大西洋条約機構（ＮＡＴＯ）と欧州共同体（ＥＣ）にしっかりと統合されている」[1]のである。従って、ドイツは最終的に、「独自の道（Sonderweg）」を捨て去り、ヴィンクラーがいうところの「西側への長い道のり」を成し遂げたのである。「西側への長い道のり」とはフランシス・フクヤマの「歴史の終わり」に相当するドイツの概念である。

ドイツはかつて西欧とは複雑で矛盾する関係にあった。ヴィンクラーが指摘した西欧を規範とする企ての中核となる概念の多くは、カントのようなドイツの啓蒙主義の思想家を源流としている。それでも、ドイツの知識層の歴史は、より暗い国家主義の流れを含んできた。ドイツの国家主義は19世紀に初めて出現し、徐々に反西欧化し、ナチズムとホロコーストで最高潮に達した。これは、ヴィンクラーが「ドイツによる西欧の拒絶の最高点」[2]と呼んだものである。ドイツは1945年の敗戦後で初めて――少なくともドイツの西半分は――、西欧に完全に統合され、ヴィンクラーが「西欧の正常状態」と呼ぶものを獲得した。それ故に、ドイツは逆説的なものと言える。ドイツは、西側を規範とする企てを発展させるうえで中心的な役割を果たしたが、その試みに根本から挑むものをも生み出したからである[3]。

上述の「西欧への長い道のり」が統一をもって完成したことは、ドイツ問題に対する西欧からの回答と言えよう。統一時には、ベルリンに首都を置く統一ドイツ、いわゆるベルリン共和国が、ボンに首都を置いていたころのボン共和国に比べて西欧的という意味で劣ることになるのではないかと不安に思う向きもあった。

しかし、統一後少なくとも初めの十年は、そうした不安は現実にはならなかった。というのも、ドイツは西欧への義務を確認していたからである。とりわけ、ドイツと欧州の間には象徴的な関係が存在するように見受けられた。つまり、ドイツ統一は、欧州統合の文脈でのみ実現可能だったからであり、コンラート・アデナウアーがかつて「ドイツ問題は欧州の屋根の下でのみ解決可能である」と述べたことが証明されたように思われたからである。逆に言えば、再統一はさらなる欧州統合の触媒でもあった。統一通貨ユーロの創設時がとりわけそうであった。ヴィンクラーは２０００年に、ドイツに関する不安は再統一後の十年で後退したと書くことができたのである[4]。

しかしながら、ユーロ危機が２０１０年に発生すると、ドイツの戦後史を正当だとするストーリーに後書きを付け加える必要が生まれた。ユーロ危機はドイツを途方もない地位に押し上げた。これは欧州連合（ＥＵ）の歴史の中でも前例のないものだった。ユーロ圏全体がドイツのリーダーシップに期待した。ドイツが、複数の主権国家が共有する共通通貨の危機に際して、最大の債権者であったからである。しかし、ドイツは「財政移転連合」の出現を恐れた。これは、財務上の責務を果たしている加盟国のうち一国が、財務上の責務を果たさない加盟国を助成することである。

このため、ドイツは欧州における債務の共有に抵抗し、ユーロ圏内の国々に対して、「競争力のある」欧州にするために、緊縮財政を課したのである。この手法は、ある意味で、持てる国と持たざる国の間の差を狭めるというよりは広げることとなった。ドイツにおける失業率が再統一後、最低水準に達する一方で、いわゆる周辺国においては失業率が著しく高い水準に増大した。モラフチークは、単一通貨の調整コストは「貧しく力のないもの」がより大きな負担を担ったと指摘した[5]。

このユーロ圏における債権国と債務国の衝突の背景には、１９４５年以前の欧州史からの集団的記憶が議論に情報を与え、その道具立てとなった。最も劇的な事例は、ドイツとギリシャの相互の反目であった[6]。これは決して唯一の事例ではない。歴史家のリチャード・クロッグが「現代史上最悪の飢饉」と呼ぶ、戦時中の占領時代におけるギリシャの経験は、いまだ強烈に記憶に残っている[7]。

ユーロ危機が起きたとき、ギリシャの新聞はアンゲラ・メルケル首相をアドルフ・ヒトラーになぞらえた。メルケル首相が２０１２年10月にギリシャを訪問した際には、ナチスの制服に身を包み、「ヒトラーもメルケルも変わらない」とのスローガンを描いたバナーを手に持ったデモ参加者らが、ナチスの鍵十字の旗を燃やした。７０００人のギリシャ警察がメルケル首相の保護のために動員された[8]。再度、戦争の補償を求めるギリシャ人もいた。補償額は２０１２年に発行された政府の報告書によれば、１６２０億ユーロに達するとされた。

そうした集団的記憶の高まりは、歴史が欧州に戻ってきたかどうか、という問題を提起する。１９４５年以前の欧州における国際関係の特徴が舞い戻ってきたのだろうか、ということである。あるいは、従前から想定されていた欧州の国際関係とあまり変化していないということを、ユーロ危機がおそらく白日の下にさらしたのではないか、という疑問である。

こうした疑問に答えを出そうとするのが困難な理由の一部は、欧州で現在起きていることを叙述することが難しいというところにある。観念的なものと官僚的なものが入り混じった、欧州連合と結びついた用語がもはや現実をとらえることができなくなっている一方で、１９４５年以前の国際関係を説明するのに使われた用語の使用は不適切だからである。それにもかかわらず、欧州の過去がどういうわけか再び出現しているという感覚はあるのである。ルクセンブルク元首相で、欧州委員会委員長のジャンクロード・ユンケルが述べたように「悪魔は消え去っていない」[9]のである。

ある意味で、欧州に舞い戻ってきたように思われる歴史の中心にあるのは、「ドイツ問題」である。第二次世界大戦の終結からほぼ70年が経過し、本書の主題であるドイツのパワーは再び、激しい議論の的となっている。１９５３年にトーマス・マンが「ドイツのヨーロッパ」ではなく「ヨーロッパのドイツ」が必要だと述べたことは広く知られる。ユーロ危機以降、そこからドイツのヨーロッパの出現について述べることが一般的となっている。現実のドイツの「覇権」ないしは、その可能性についての議論も盛んであり、ある種のドイツ「帝国」が欧州に誕生したととらえる議論もある。

アテネの路上に集まったデモ参加者はメルケル首相をヒトラーになぞらえたが、メルケル首相のユーロ危機への対処法を、ビスマルクの「レアルポリティーク」を彷彿させると理解する人もいた。しかし、そうした用語や比喩は、１９４５年以前のドイツのパワーに関わる問題との類似性を示唆する一方、歴史と現在の状況の相違をわかりにくくしているのである。それが暗示していることは、フランスのニコラス・サルコジ元大統領が２０１０年に友人に話したように、ドイツ人は「変わっていない」[10]ということである。

他方、ドイツ人はこうした歴史の再来という受け止められ方に怒りを覚え、当惑している。多くのドイツ人は、１９４５年以前の歴史は欧州の現在の危機とは関係ないと考えている。両者の間に類似性を見つけようとすること自体が、ドイツを恐喝しようとする単なる口実ではないかと考える人さえいる。ドイツの政治家、外交官、専門家は、ドイツが歴史から教訓を学んだことを指摘し、そのことは彼らにとってドイツ連邦共和国の成功物語の一部でもある。ドイツ人が変化しただけでなく、欧州も変化したのだという。ＥＵの文脈の中では、外交政策はある程度国内政策になった。すなわち、ドイツのパワーには何の問題もなく、「覇権」といった概念は全く時代錯誤だと主張する。従って、ドイツのパワーに関する議論は拡散状態であり、ドイツの歴史が欧州の危機に関係あるのかどうかについて合意がない中では、歴史がどのように関連するのかという厳密な議論はほとんどないのが実情である。

この数年間、欧州におけるドイツのパワーをめぐる議論と並行して、ドイツの西欧への責任に関する議論も交わされてきた。とりわけ、ドイツが2011年3月、国連安全保障理事会において、リビアへの軍事介入をめぐって、ブラジル、ロシア、インド、中国の新興国、いわゆるブリクス（BRICs）の側と足並みをそろえた時がそうである。ドイツは近年、西欧を捨てて、次第に「独自路線」をとるようになっているのではないかと考える見方が一部にあった。グローバルな諸問題の解決への責任を引き受けず、あるいは西欧の規範を支持せず、安全保障を作り出す側というよりは、消費する側にいることが批判されてきた。多くの人々の目には、ドイツが何としても自動車と機械類を輸出しようとしているように映った。とりわけ中国に対してそうであり、同国とは新しい「特別な関係」を築いてきた。ドイツは欧州において影響力を行使していることが批判される一方で、欧州以外では自国の役割を十分に果たしていないと批判を受けているのである。

欧州諸国以外に対するドイツの近年の外交政策への批判は、欧州域内におけるドイツのパワーに関する議論と同様、1945年以前の歴史の現代との関連性への疑問を提起している。ある意味で、欧州域外におけるドイツの外交政策は、1945年以前のドイツの外交政策の正反対のように見受けられる。とりわけ、ドイツは軍国主義と決定的な訣別《けつべつ》を果たし、外交政策の道具としての武力行使を拒否している。

ドイツが輸出以外で何かを支持するとすれば、それは「平和」である。ドイツは自国を「英雄以後」の社会だと理解している。ドイツが武力行使を拒否することを、同国が戦力投射を完全に拒否していると理解する見方もある。手短に言えば、ドイツは過去からの教訓に学んだのである。ある有力なドイツ人政治家は２０１０年、筆者に「再教育はうまくいった」と語った[11]。

しかし、ドイツ帝国時代の外交政策との類似性を見る人もいる。ドイツは、西側と東側の狭間のいわゆる「中心的位置」に戻ったと指摘する。とはいえ、グローバル化が進んだ現代では、東にはロシアだけではなく、アジア、何よりも中国が含まれている。ドイツは日和見《ひよりみ》政策を遂行していると批判する人もいる。すなわち、ビスマルク流の同盟国を変える政策である。さらに、欧州以外の地域における輸出市場拡大の中にあるのは新重商主義的外交政策であるという指摘もある。

これらの言葉一つ一つが、少なくとも外交政策において、ドイツが１９４５年以降に学んだ歴史の教訓を忘れ、時代を逆行していることを示唆しているのではないか。ドイツは、ある意味で「西欧への長い道のり」を逆行しているのではないかということである。

この難問に答えるためにはまず、「ドイツ問題」とは本来、何だったのか、そして、二つの世界大戦を通じてどのような答えが出されたのかを、理解しなければならないだろう。

このため、第1章では１８７1年から１９４５年までのドイツの外交政策を再検証する。１８７１年にドイツが統一されてから、ドイツの領土の規模と位置、いわゆる欧州における「中心的位置」が、ドイツを欧州において「準覇権国家（semi-hegemony）」の地位に押し上げ、これが国際システムにおいて不安定を引き起こした。言い換えれば、このドイツ問題は構造的なものである。しかし、この時期の外交政策はまた、ナショナリズム、とりわけ「ドイツの使命」というイデオロギーともいうべき思想に基づいていた。本章は、ドイツ史について独自の考え方を打ち出そうというのではなく、この時期の情勢を概観し、ドイツ問題に関する議論を改めて整理する。

第2章では、１９４９年に建国されたドイツ連邦共和国（西ドイツ）の外交政策を１９９０年までの期間にわたり検証する。一部でドイツの再出発の年と考えられていた１９４５年は、再出発の年ではなく、一つの断絶であった。特に外交政策においてはそうである。ドイツ連邦共和国の外交政策はしばしば「規範的」ないしは「民生重視」とみられるが、そうした形容は西ドイツの外交政策の議論における断層をわかりにくくする。とりわけ、西ドイツの外交政策において二つの明確な潮流を特定する。コンラート・アデナウアーと西側との統合という思想に源流を持つ理想主義、ヴィリー・ブラントと東方政策に始まる現実主義の二つである。ボン共和国時代には、冷戦とナチズムの過去が影を落とし、当時の外交政策を制約していたのである。

第3章から第5章においては、１９９０年の再統一以降の外交政策を取り扱う。これはその前の40年間に形成された二つの断層の文脈で理解されるべきものであると考えている。過去に西ドイツが直面していた制約が消滅する一方、再統一されたドイツは自国のアイデンティティを再考し、ナチスの過去との関係に取り組み、継続と変化の双方が入り混じったことを受け止めてきた。ドイツはグローバルな諸問題の解決に貢献するよう、より大きな圧力を受けるようになり、とりわけ武力行使に対する考え方を修正するよう迫られた。ドイツの外交政策は複雑で、時折予期しない方法で発展してきたのである。とりわけ外交政策は、ドイツ人全体の集団的記憶、特に侵略者としてのそれと、被害者としてのそれがせめぎ合う中で形成されていった。ドイツ経済がより輸出に依存するようになった２０００年代以降、外交政策はより現実主義に傾斜していったというのが私の見立てである。

第6章では、ユーロ危機が発生した２０１０年以後の展開を検証する。これについては、再統一からユーロ危機の発生までの20年間に起きたドイツ国民のアイデンティティとドイツ経済の変容によって説明できると考えられる。ユーロ危機はドイツのパワーを驚くべきレベルに押し上げた。このため、ドイツは広範囲にわたって、自国の政策選好を欧州諸国に押し付けることができた。しかし、ユーロ危機に対するこの対処法は、欧州を安定させるというより、むしろ不安定化させた。さらに、ドイツは欧州で経済的な自己主張を強める一方で、フランスや英国も影響力を与えようと思わない欧州域外の地域においては、驚くほどに自己主張を控えていた。

ドイツは再び、〝逆説(パラドックス)〟になったのである。

本書の結論は、「ドイツ問題」は新しい形で再び出現したというものである。ドイツ問題は再び、構造的要因とイデオロギー的要因の間における複雑な相互作用によって定義されている。ドイツ経済はEUの文脈の中では、フランスをはじめとするいずれの隣国にとっても、挑戦するにはあまりに大きすぎる。

しかし、ドイツは、一部で論じられているように、欧州の覇権国家ではないし、なり得ない。むしろ、ドイツは1871年から1945年に欧州で保持していた「準覇権国家」とでもいうべき地位に復帰した。しかし、この復帰は地政学的な意味というよりはむしろ、「地経学的（geo-economic）」なものである。同時に新しい形のドイツ・ナショナリズムも出現した。このナショナリズムは、輸出と「平和」思想、新しい形の「ドイツの使命」に基づいている。これにより、西欧との関係にも新たな疑問が提示されているのである。

第1章 ドイツ問題

The German Question

ドイツ統一と「ドイツ問題」の誕生

ドイツの統一は欧州を変容させた。１８７１年1月、フランスの大敗とともに、統一ドイツ帝国の成立が、ヴェルサイユ宮殿の鏡の広間において宣言された。欧州の中央に、新たな強国が出現したのである。歴史学者のブレンダン・シムズはこう記している。「何百年にもわたって多数の小国が乱立していた場所、わずか7年前にはまだ約40の別々の領邦が存在していたところに、ドイツ帝国皇帝という単一の権力を戴く国家が誕生した」[1]。ドイツの強大化とフランスの弱体化は、ナポレオン戦争の終結以来、保たれていた欧州の均衡と平和を崩壊させた。

英国のベンジャミン・ディズレーリ首相が１８７１年２月、下院で述べた言葉は広く知られる。

「ドイツ革命」は「新しい世界」を作り出した、そして「勢力均衡は根本的に破壊された」[2]と。

国際関係システムとしての勢力均衡は、１６４８年のウェストファリア条約に続いて成立した。大国は相互に牽制することにより、欧州における全面戦争を阻止する、ある種の均衡が維持されるという考えに基づいていた[3]。これは同様に、１６４８年後の17世紀において、欧州における外交関係の指導的原則となった国家利益の概念に結びついていた。

革命下のフランスが勢力均衡の思想を拒否したことが、ナポレオン戦争につながっていった。しかし、１８１５年のフランスの敗北後、いわゆるウィーン体制下において、勢力均衡のシステムは復活し、制度化された。オーストリア、フランス、大英帝国、プロイセン、ロシアの五大国による勢力均衡は平和を維持するように思われたのである。

ビスマルクと「同盟の悪夢」

しかしながら、欧州における勢力均衡の弱点の一つは、ドイツであった。ナポレオン戦争以前、その後に統一ドイツを形成することになる、ドイツ語圏の領邦は約３００を数えた。ナポレオン戦争後、これらは約30のより大きな領邦となったが、これらの領邦は弱すぎるか、強すぎるかのいずれかであった。ドイツの領邦が弱く、分裂している時にはいつも周辺国、とりわけフランスは膨張主義に走った。例えば、三十年戦争の間、ドイツは他の国々との戦場となった。他方で、ドイツが強大で、統一されるという見通しは他の大国、特にフランスにとっては脅威であった。このように、ドイツはパワーの中心か、パワーの真空地帯かのいずれかであり、いずれの場合でも欧州に不安定をもたらしたのである[4]。

統一の前ですら、欧州の他の大国は、オットー・フォン・ビスマルク宰相率いるプロイセンの急速な台頭を警戒していた[5]。ところが、1871年にビスマルク主導の下で、新しい帝国が形成されると、それはプロイセンよりはるかに強大な国家となった。

1866年のオーストリアの敗北に続いて形成されていた北ドイツ連邦、プロイセン・フランス戦争（普仏戦争）までは、親フランスの傾向があったバーデン、バイエルン、ヴュルテンベルクなどの南部の領邦国家、そして併合されていたアルザスがロレーヌを統一されたのである。新生ドイツは人口4100万人を擁し、フランス（3600万人）、オーストリア＝ハンガリー（3580万人）、大英帝国（3100万人）より多かった。ロシアの人口（7700万人）よりは少なかったが、ドイツの人口は増大していた[6]。ドイツには、急速に成長する工業経済があり、世界最高水準の教育制度があり、最強の軍隊があったのである[7]。

こうした強い印象を与える資源を有していたにもかかわらず、新生ドイツは、欧州で自国の意思を押し通すほど強大でも強力でもなかった。相次いで起きた三つの戦争で勝利を収めたものの、二ヵ国以上の他の強国の連合を打ち負かすことはできなかった。

このように、統一ドイツは欧州における勢力均衡には大きすぎたが、覇権国家となるには小さすぎたのである。ドイツの歴史学者ルートヴィヒ・デヒオは後に、ドイツ帝国時代の欧州大陸における不確実な立場を、的確にも「準覇権国家」の一つであると位置付けた。すなわち、欧州大陸において自国の意思を押し通すほど強力ではないが、同時に他の大国から脅威とみなされるには十分強大であった[8]。その規模と欧州の中央に位置すること、いわゆるドイツの「中心的位置」は本来的に欧州を不安定なものにしていた。これこそが本質的に「ドイツ問題」として知られることである。

オットー・フォン・ビスマルク
（1815－1898）

この構造的問題により、他の欧州諸国はドイツに対して勢力均衡を図るため、ますます連携するようになった。それは翻って、ドイツ国内で大国連合に対する懸念を生じさせた。こうしたドイツ包囲に対する不安から、ドイツはそうした連合から自国を防衛するための対抗措置をとるようになった。ところが、こうした対抗措置は不可避的に各国に脅威感を与え、ドイツが懸念する連合の形成をさらに加速してしまった。

こうして、ハンスペーター・シュヴァルツが「包囲の弁証法」[9]と呼ぶプロセスが始まったのである。キッシンジャーは、ドイツが侵略に対する潜在的な犠牲者から欧州の勢力均衡に対する脅威へと立場を変えると、「自己充足的な予言が国際体制の一部となった」[10]と述べている。

ビスマルクは1871年に宰相に就任して間もなく、この構造的問題に対応するため、政策を劇的に変更した。統一までは、拡張主義的な外交政策を追求していた。しかし、「同盟の悪夢」に悩まされたビスマルクは、欧州におけるドイツへの不安を和らげ、他の大国がドイツに対抗する形で均衡を図る試みを減らそうとしたのである。ビスマルクは、ドイツが領土拡張の野心を持たない「充足した国家である」と宣言した。とりわけロシアに対して、バルカンには興味がないことを保証しようとしたのである。バルカン全体でも、「健康なポンメルンの歩兵一人の骨ほどの価値もないとする」ビスマルクの有名な発言には重要な意義があったのである[11]。要するに、プロイセンが現状打破勢力だったのに対し、ドイツは現状維持勢力になったのである。

ビスマルクは安全保障を求めて、欧州の他の大国との間で、重なり合う複雑な同盟関係を形成していった。ビスマルクは、孤立を避けることが重要だと考えていた。1880年に次のように述べている。「あらゆる政治はこの公式に帰することができる。世界が五大国による不安定な均衡によって支配されている限り、三大国の一つになろう」[12]。中でもアルザス・ロレーヌ併合のためフランスとの和解は不可能だったため、その代わりにオーストリア＝ハンガリーとロシアという保守勢力との同盟を模索した。1873年に締結された、いわゆる三帝同盟である。

オーストリア＝ハンガリーとロシアによる欧州南東部をめぐる争いにより、この同盟が1880年代に崩壊すると、ビスマルクは新たに二つの秘密条約を締結した。フランスとの戦争の際にドイツとの同盟を保障したオーストリア＝ハンガリー、イタリアとの三国同盟、いずれかの国が他の大国との戦争になった場合に両国の中立を保障したロシアとの独露再保障条約である。1882年までにベルリンは「欧州の外交の首都」[13]となっていたのである。

ビスマルクが構築した同盟関係のシステムは、ある意味では賢明なものだったものの、脆弱で、最終的には破滅的だった。とても複雑なものだったため、その維持と管理には機敏さと創造性のある政治家が必要だった。事実、ビスマルクが1890年にその職を解かれる以前にも、同盟システムは崩壊の危機にあった[14]。同盟関係のシステムは、メッテルニヒの時代にあったような完全な行動の自由が政治家にあるという前提で成り立っていた。しかし、現実には19世紀後半までに、政治家は外部の力にますます制約を受けるようになっていた。

ビスマルクは宰相として、「指揮権」として知られる権限により、外交政策に関する全権を持つ皇帝にのみ義務を負っていた。ところが、実際はビスマルクの成功は、さまざまな勢力の利害を調整することができるかどうかにかかっていた。これこそが、さまざまな方法や調整で、「鉄血」によってドイツ統一を実現した手腕そのものだったのである。

第一に、ビスマルクは次第にユンカーから圧力を受け、譲歩しなければならなくなった。ユンカーとはプロイセンの保守的な地主階級で、ビスマルク自身も属し、その台頭はユンカーの支援によるものだった。ユンカーは政治的自由主義に反対し、民主化の拡大にも抵抗し、米国とロシアの競合相手に対してユンカーの農業を保護するよう圧力をかけたのである。第二に、ビスマルクは大企業からの圧力に直面した。ドイツ統一に続く10年間、いわゆる「創立期」に当たる時期で、ＡＥＧやジーメンスなどの巨大な企業が次々と出現した。こうした大企業は、事業拡大のために資源や市場へのアクセスを要求し、１８７３年の金融危機以降は関税という形による保護策を求めた。第三に、軍部は外交政策に重大な影響力を行使していた。特に陸軍、そして後には海軍が、軍事費を正当化するために対外的な脅威を必要としていたのである。

世論が重要な時期であり、おそらく、同じように重要だったのはナショナリズムだった[15]。シムズが「大衆の地政学」と呼んだものである。ドイツのナショナリズムは19世紀初頭に現れた。この時期、後に一つの国民国家に統一される何百もの領邦は、ナポレオン戦争の時代にフランスの占領下にあった。

広く言えば、ドイツのナショナリズムには、啓蒙運動とフランス革命の関係によって分かれる二つの潮流が含まれていた。一つは自由主義的なナショナリズムの潮流であり、フランス革命の原則をドイツにも適用し、ドイツの領邦国家をつなぎ合わせて、フランス共和国に幾分類似する、民主的で議員代表制の国民国家を形成しようとしていた。他方は、ロマン主義的なナショナリズムの潮流であり、フランス革命の原則に反対し、より広く言えば啓蒙運動に反対するものとして定義されたドイツのアイデンティティという意識を形成しようとするものだった。

ドイツのナショナリズムは、領邦国家にあった封建的絶対主義に反対する進歩的運動として始まった。しかし、1848年の革命が失敗した後、「ドイツ史は転換点に達し、その転換に失敗した」とA・J・P・テイラーが記したことは有名である。自由主義的なナショナリズムは、ロマン主義のナショナリズムに徐々に覆われていった[16]。この時期に、フランスでは市民ナショナリズムに集約されていったのとは異なり、ドイツには依然として統一された国民国家がなかったため、ドイツのナショナリズムは欧州の他のナショナリズムに比べ、国民を定義する際に文化により重要性を置く傾向があった。ヘルダーとフィヒテの影響を受けて、ドイツのナショナリズムは、はっきりとしたドイツの民族精神に立脚した、とりわけドイツ語に根差したドイツ国民というロマン主義的概念に焦点を置く傾向があった。

このロマン主義的ナショナリズムはドイツを西洋との対立において定義する傾向があった。19世紀後半、ドイツのナショナリストは、フランス文化に対置する形でドイツ文化を定義するようになり、時折、西洋に対してはドイツ文明を定義するようになった。マイケル・ヒューズが指摘したように「ドイツのナショナリストは西洋の思想とモデルを知的に拒否し、西洋の方法とは異なり、より優れた思想や政治、社会組織における『ドイツ独自の方法』を模索」していた[17]。とりわけ、ドイツのナショナリストは、英国やフランス、米国などの西洋諸国で発展した政治的自由主義を拒否した。こうして、ドイツは特別であるという認識がドイツ・ナショナリズムの中心になっていったのである。

ドイツ統一後、ドイツには勝利に酔いしれるムードがあった。ニーチェは1873年、フランスとの紛争において「ドイツ文化もまた勝利した」と考える有害な傾向がドイツにはあったと書いている。言い換えれば、単に技術的な優越性というより文化的な優越感があったのである[18]。ドイツには、特別で独自の政治・経済・軍事・教育機関の組み合わせがあり、単なる「物質的な」価値観ではなく「精神」に基づくものがあると考えたのだった。ドイツのナショナリストは、自由主義と粗野な物質主義が連動しているとして、とりわけ英国と米国に対して否定的であった。ナショナリストの歴史学者ハインリヒ・フォン・トライチュケが、英国は石鹸と文明化を取り違えているなどと指摘し、反英感情を露《あらわ》にしていたことはよく知られたところである。1873年の金融危機後、ドイツのナショナリズムはまた、ユダヤ人が自由主義と資本主義と同一視されていたために、ますます反ユダヤ主義的になっていったのである。

それと同時に、ドイツ特別主義の思想にも基づいていた、このナショナリズムは、まだ方法は不明ながら、ドイツ文化は世界に広められるべきだという考え方を含んでいた。とりわけ、ナショナリストらは自らのアイデンティティを育む中で、ドイツは自らを解放するだけでなく、全世界、とりわけ西側以外の世界も救済することを夢見ていた。歴史的なドイツの使命というこの認識は、エマヌエル・ガイベルが1861年に書いた「ドイツの使命」と題する詩にわかりやすい形で表現されている。

ドイツ国家の本質は
来るべき世界の救済にある[19]

ドイツの使命という概念は、1880年以降にジェフ・エレイが「帝国談義」[20]と呼ぶものを出現させた。ドイツはすでに自国を帝国（Reich）と呼んでいたが、今やより大きな領土が必要だと論じ始める者もいた。その議論の基になっていたのは、次のような考えであった。

来るべき20世紀には、大陸規模の大国が優勢となる。そこでドイツが繁栄し、それどころか生き残れるかどうかは、英国、ロシア、米国と競合できるような、パウル・ロアバッハが「世界帝国」と呼んだ国家になるために必要な資源を獲得できるかどうかにかかっている[21]。しかし、他の三帝国とは違って、ドイツは四方を大国に囲まれ、拡大が妨げられていた。デービッド・カレオが「大陸の拘束服」[22]と呼ぶような状況だった。言い換えれば、ドイツは外部から見れば強大で脅威感があるが、多くのドイツ人は自国が弱く、脆弱な状況にあると考えていたのである。

ドイツ帝国への要求には二つの形があった。中欧の概念を信じるものがいた。エレイはこれを「ドイツの覇権の下における大陸統合という壮大な計画」と呼んだ。欧州以外への拡大ではなく、欧州内での領土拡大を信じていたのである。しかしながら、1900年から1909年までドイツ帝国宰相を務めたベルンハルト・フォン・ビューローをはじめとする一派は、ドイツは「太陽の下の場所」を探すべきだと考えていた。つまり、アフリカとアジアにおける帝国であり、他の欧州の大国がそうであったように、ドイツにもその権利があると考えていた。このように、19世紀後半に欧州政策と世界政策の間には緊張関係が生まれた。1880年代から1914年までの間、エレイが「複雑な対話」と呼ぶものが、これらの二つの概念、すなわち陸の帝国と海の帝国という競合する思想の間で交わされたのである[23]。

海外の帝国に対する要求は一部には、1850年代以降にアフリカやアジアで居留地を探していたドイツ企業の必要性に後押しされていた。大手銀行や産業界から資金援助を受けた「植民地協会」と

「ドイツ植民地協会」などのロビー・グループが現れ、政府が海外領土拡大に乗り出すよう圧力をかけたのである。しかし、一部には、1880年代に進行していた「アフリカ分割」の中で、新しい市場や資源から不当に除外されていると感じていたドイツのナショナリストからの圧力もあった。ドイツの生き残りがかかっているとさえ考える者もいた。トライチュケは1884年、植民地化は「死活問題」だと語った[24]。言い換えれば、海外帝国への要求は、経済的、地政学的論理により推進されていたのである。

ビスマルクにとって、ドイツの命運は欧州内部にあった。アフリカにおけるドイツ帝国を提唱するオイゲン・ヴォルフは1888年、ビスマルクにアフリカ大陸の地図を見せ、ドイツが領土を獲得できる可能性のある場所がどこかを示したという。ビスマルクはこれに対し、「貴殿のアフリカの地図はとても素晴らしい。しかし、私のアフリカ地図はここ欧州にある。ここがロシアでここがフランス、我々はその中間に位置している。これが私のアフリカ地図だ」[25]と応じたのである。ビスマルクは、海外領土拡張の試みによって、英国やフランスなどの大国と敵対関係になるのを回避したかったように思われた。それと同時に、ビスマルクは他の大国をその植民地獲得を競わせ、弱体化させ、分断することができると考えていた。ビスマルクと話したある対談者によれば、ビスマルクはこうした理由で当初、「植民地に関するすべての話を拒否した」[26]という。

しかしながら、ドイツが1880年代に不況に陥ると、経済成長率が低下するにつれて、新市場獲得のための全面的な努力を求めるロビー・グループに譲歩するよう、ビスマルクは益々圧力を受けるようになった。歴史学者のゴードン・クレイグは、ビスマルクは植民地化の熱狂的な人気に感心し、それを利用しようとしたと論じた。他方、ハンスウルリッヒ・ヴェーラーは、ビスマルクが帝国内の緊張を解決するために植民地獲得を利用したと考えた。ヴェーラーが「社会的帝国主義」[27]と呼んだものである。理由はどうであれ、ビスマルクは１８８４年にクレイグが「世界への跳躍」[28]と呼んだことを実行した。ナミビア南部のアングラ・ペケーニャを獲得し、西アフリカのトーゴとカメルーン、そして太平洋のニューギニアと領土を獲得していったのである。

「世界帝国」を目指すヴィルヘルムⅡ世

しかしながら、ビスマルクの実利的な植民地化は、ヴィルヘルムⅡ世が１８８８年に29歳で皇帝の座に就いて以降に起きたことに比べれば、取るに足らないものだった。ビスマルクが１８９０年に首相の座を退くと、ドイツ皇帝はドイツ帝国を「世界帝国」にすべく、外交政策において新しい路線を追求し始めた。ヴィルヘルムⅡ世は１８９６年1月、新しい世界政策を発表した。ドイツ人宣教師が二人殺されたことから、ドイツ海軍は中国の膠州の港を占領し、その過程でロシアとの関係も悪化した。（ビューローが有名な「太陽の下の場所」を要求したのはこの時であった。）ドイツは、とりわけレオ・フォン・カプリヴィ新首相が欧州の自由貿易圏の創出を試みることにより、中欧におけるその地位を確保しようとする一方で、その力点は「大陸政策」というより「世界政策」の方に置かれていた。

この新たな世界政策は多くのドイツ人を「虜《とりこ》にした」[29]。１８９８年、ドイツ皇帝はシオニズム運動のリーダーであるテオドール・ヘルツルからすら接近された。ヘルツルはパレスチナにユダヤ人国家を樹立するという自身の考えへの支持を得ようとドイツ皇帝に近づいた。当時、パレスチナはオスマン帝国に属していた。自身の小説『古く新しい国』の中で、パレスチナにおけるドイツの一種の理想郷を夢想していたヘルツルは、ドイツの保護国としてユダヤ人国家を構想し、東洋にドイツ文化を輸出すると語った。ドイツ皇帝は最終的には支持しなかったものの、その考え自体は皇帝の既存の計画に合致していたため、当初は魅力的なものに思われたのである。

ヘルツルはベルリンからコンスタンチノープルをつなぐ鉄道建設の許可を求めていた。後にベルリン・バクダッド間の鉄道として知られるようになる路線の最初の区間に相当するものだった。この鉄道により、没落するオスマン帝国によって生まれた力の空白を埋めるべく[30]、バルカン半島を通じて中東地域にまで、ドイツの影響力を及ぼすだろうと考えたのである。

帝国の支持者の中には、マックス・ウェーバーもいた。ウェーバーは1895年、フライブルクで行った教授就任講義の中で、世界の大国になるためにドイツ統一を利用しなければ、ドイツ統一は「若者の悪ふざけ」に過ぎなくなってしまうだろうと述べた[31]。ウェーバーのような「リベラルな帝国主義者」はドイツ帝国を進歩的大義と見なし、デヒオが述べたように、「自分たちにとっての太陽の下での場所を獲得するだけではなく、他者にとってもより明るい生活を保障する」[32]ことを目的としていた。とりわけ、ドイツの使命は英国の世界覇権に挑戦することにあると考えていた。英国の海軍力に挑戦することによって、ドイツは欧州に存在する勢力均衡の世界版を形成できると考えたのである。このように、デヒオは「ライバルである各国は他方の覇権的地位に挑戦して戦い、勢力の均衡を訴える。だが、各国は「覇権」と「勢力均衡」という用語に全く異なる意味を当てていた」[33]と指摘するのである。

ところが、シムズは、19世紀末の「ドイツの大戦略における世界的転換」は欧州を越えた勢力拡大戦略ではなく、「欧州における支援の要求」[34]とみることができると論ずる。ドイツ皇帝は日に日に、西はフランス、東はロシアに脅かされていると感じており、英国とは紛争ではなく同盟を望んでいた。ドイツ皇帝は、中立的な欧州の唯一の大国である英国が、ドイツを再度欧州五大国の中の三ヵ国の一国にできる、とりわけフランスに対する同盟を組むことができると考えたのである。しかし、とりわけ1884年のトランスヴァールをめぐる争い以降、英国がドイツを本気で相手にするのは、ドイツが海軍を保有し、当時の「海軍」志向の考え方によれば、世界的影響力を持つようになってからであろうとドイツ皇帝は確認した。こうして、ドイツ皇帝は伝統的な大陸パワーのドイツをシーパワーへの転換を図ったのである。これは、ビスマルクが1873年、英国の駐独大使に「植民地もドイツ艦隊も望んではいない」[35]と語った方針からの二番目の転換となった。

アルフレート・フォン・ティルピッツ提督が1897年に海軍相に任命されて以降、ドイツは巨大な海軍力増強に着手した。中国・膠州の獲得に重要な役割を果したティルピッツは、ドイツが世界的大国になることを阻止しようと英国は考えていると確信していた。ティルピッツは1897年、ドイツ皇帝へのメモの中で、ドイツは英国に対する「政治的要因から、一定程度の海軍力」を必要としており、このため「できるだけ多くの戦艦」[36]を建造すべきであると述べたのである。翌年、帝国議会は海軍関連法案5本のうちの1本を可決し、新艦船の建造費用として4億ライヒス・マルクの予算を充てた。ドイツ帝国宰相となったクロートヴィッヒ・ホーエンローエ＝シリングスフュルスト侯爵は帝国議会に対し「冒険的な政策は私たちの考えには全くない」[37]と保証した。ところが、このような政策が英国との軍備競争を引き起こすことは不可避であった。英国は他のどの大国よりも海外貿易に依存し、その海軍力を他の二国海軍の合計力以上に維持する方針を掲げていた。いわゆる二国標準主義と呼ばれるものである。

一方で、ドイツの強大化のほか、欧州以外の大国との競合や協力が複雑に絡み合った変化の結果、欧州の地政学的地図も変化しつつあった。フランスの外交政策は引き続きドイツの封じ込めに焦点を当てていた。ドイツ統一以降、オーストリアは外交政策の焦点を中欧から、ロシアとの争いが増えていた南東欧に移していた。その間、ドイツはオーストリア＝ハンガリー帝国とイタリアとの三国同盟を継続する一方、ロシアとの独露再保障条約を更新せず、同条約は1890年に失効した。1890年代初頭に入り、フランスとロシアの間で、ジョージ・ケナンが後に「運命的な同盟」[38]と呼ぶ露仏同盟が締結された。このように、1871年には五大国による多極システムは、徐々に競合する同盟陣営による二極システムに変貌していったのである。

世界中に手を広げすぎたことを受けて、英国の同盟に対する姿勢も変化した。1904年英国とフランスは英仏協商を締結し、北アフリカにおける競合関係を終え、「栄光の孤立」という長い伝統に終止符を打った。ドイツは1905年、モロッコでの優越権を確保しようとするフランスの試みに挑戦することによって、英国とフランスを分断しようとしていたが、アルヘシラス会議において孤立したのはドイツであった。それまでフランスとロシアとの緊張関係に焦点を当てていた英国の外交政策担当者の多くは、最大の脅威がいまやドイツであるとの結論に達していた。英国外交官のエア・クロウが1907年、有名なメモに書き記したように、海軍力の優位を目指すドイツは「大英帝国の存在と相容《あいい》れない」[39]ものだったのである。同年、英国とロシアは、英国・フランス・ロシアによる三国協商を締結した。

英国は1906年、ドイツの海軍増強に対抗し、ドレットノートという新型戦艦の建造に着手した。どの戦艦よりも装甲、機動性の両面で優れた戦艦だった。ドイツはこれに対応して1908年、旧型戦艦をドレットノート型の戦艦に更新した。テオバルト・フォン・ベートマン・ホルヴェークは1909年、宰相に就任すると、海軍軍備競争をやめようと試みたが、失敗に終わった。1911年、フランス軍が反乱鎮圧のためモロッコの首都フェズに出兵すると、ドイツは砲艦パンター号を港湾都市アガディールに派遣したため、第二次モロッコ危機の原因となった。この「パンター号の躍進」は、ドイツと三国協商の間の緊張をさらに高め、軍備競争を加速し、欧州において戦争は不可避だという認識が広がっていった。ドイツ軍は1913年に大増強され、ヘルムート・フォン・モルトケ参謀総長を含む軍司令部の中には「予防戦争」を呼びかける者が出てきた。

このように、ドイツの政策による直接的な結果であろうと、クリストファー・クラークが近年論じているように、間接的な「世界史的移行に伴う欧州における結果」であろうと、同盟の悪夢は現実化したのである[40]。戦争がついに1914年8月に勃発したとき、きっかけは英国とドイツとの競争というより、バルカン半島におけるオーストリア＝ハンガリー帝国とロシアの間の戦略的競争であり、ドイツ問題というよりも、東方問題であった。

ところが、競合する陣営による二極システムは、オーストリアとロシアの間の紛争を欧州における全面戦争に変えてしまった。ドイツが統一から43年後、欧州における覇権を握ろうと試みた時、ドイツにはドイツの使命という理念が吹き込まれていた。ドイツの知識人が戦争に行った時、デビッド・ブラックボーンが書いたように、そこには「知識人が敵に対して振りかざした、ドイツ文化の優越性への根深い認識があった」[41]のである。

第一次世界大戦敗戦後のドイツ外交

第一次世界大戦後、ドイツは規模を縮小させられたが、破壊されたわけではなかった。１８７１年にドイツ統一が宣言されたのと同じ場所で、１９１９年に署名されたヴェルサイユ条約は、その資源と行動の自由を制限する懲罰的条件をドイツに科したものだった。具体的には、戦争責任条項に署名し、６４０億ドルの賠償支払いとともに、ドイツは広大な領土を失った。アルザス・ロレーヌ地方をフランスに、ポンメルンと東プロイセンの一部とシレジアをポーランドに、ビスマルク首相以降に獲得した欧州以外の植民地のすべてを失ったのである。その上、ザール地方はフランスの管理下に置かれ、ラインラントは非武装化され、15年間にわたり占領された。ドイツの軍備にも制限が課された。その陸上兵力は最大10万人に制限され、戦車や重火器は保有を禁じられた。ドイツ海軍は大型艦船や潜水艦の保有を許されなかった。

ドイツは第一次世界大戦前よりもはるかに弱体化し、より大きな制約を受けるようになったが、欧州の基本的な構成に変化はなかった。平和の実現は、戦前と同様、勢力均衡に依存していたのである。欧州中部においてはとりわけ「ドイツ問題」は未解決のまま残っていた。

相対的に見れば、実のところドイツは従前より強力になっていた。複数の旧帝国は崩壊し、フランスが疲弊していたからである。欧州の帝国が崩壊してできた小国群はベルトのようにドイツの周囲を取り囲み、緩衝地帯として機能するよう意図されていたが、逆に、欧州を一層不安定化させていた。国際連盟の創設を通して集団的安全保障という新しいアプローチが初めて試みられたが、同連盟にはまだ軍事力の裏付けがなかった。ヴェルサイユ条約の懲罰的条件はドイツにおいて敵意の感情を生み出していた。戦前はフランスの修正主義が勢力均衡を脅かしていたが、今やドイツの修正主義が脅威になっていたのである。

ワイマール共和国となったドイツの外交目的は、何よりも独立と主権を回復することにあった。具体的には、ヴェルサイユ条約によってドイツに科された懲罰的な賠償金の支払いを削減し、最終的には無にすることであり、ドイツから駐留外国軍を撤退させる合意を得ることであり、他の大国との軍事的均衡を獲得することであり、最終的に、できればポーランドに割譲した領土を回復することであった。これらの目的はドイツのほとんどの政治勢力で共有されていた。一方で、他の欧州諸国においては、そのドイツ政策は分裂し一致をみていなかった。フランスでは、ドイツの回復を遅らせようとするのか、ドイツと和解するのかの間で分裂し、英国は欧州大陸外の調停役として伝統的な役割を担うのか、集団的安全保障という新しい概念に関与するのかの間で揺れていた。

国際連盟から除外され、西側諸国から孤立させられたドイツは１９２２年、ソ連との間でラッパロ条約を締結した。これにより、両国は相互の主張を取り下げ、外交関係を全面的に正常化した。これを受けて、フランス軍とベルギー軍はドイツの工業の中心地であるルール地方を占領した。その後数箇月にわたり、ドイツ政府は占領に反対する受動的な抵抗運動を支援した。ドイツ政府が戦争賠償支払いのため貨幣を刷り続けたため、ドイツはハイパーインフレーションに陥り、政治的混乱に陥った。「ラッパロ条約がなければ、ルール占領もなかっただろう」とロイド・ジョージは後に語った[42]。経済はその翌年に安定したが、１９２３年のハイパーインフレーションはトラウマとなり、ルール占領はドイツの戦略的思考を変化させた。

こうした状況を収束させたのは、１９２３年から脳卒中で亡くなるまでの１９２９年まで外相を務めた国民自由党のグスタフ・シュトレーゼマンだった。同氏は、国際関係における経済的要因の重要性を早くから主張し、米国の台頭が欧州の勢力均衡を変容させるだろうと考えていた。第一次世界大戦は、権力政治の手段としての軍事力行使に対する同氏の確信を揺るがした。同氏は「生粋のドイツのナショナリスト」であり、ヴェルサイユ条約の条項やドイツに科された制限を修正し、究極的にはポーランドに割譲された領土を回復することを望んでいたが、ドイツの外交政策目標を実現するためには、軍事的手段ではなく経済的手段を用いようと考えていた。アダム・トゥーズは「経済的修正主義」、ゴットフリート・ニートハルトは「ドイツ権力政治の経済版」とそれぞれ呼んだものだった[43]。

それは素晴らしくうまくいった。賠償の支払いを履行する意志を示すことにより、シュトレーゼマンは借款という形で米国の支援を獲得し、補償金の減額を勝ち取るために、英国とフランスの間の見解の相違を利用した。１９２４年、ドーズ案により、ドイツに対する賠償金支払額を直ちに減額し、米国の貸付機関から1億米ドルの借款を調達した。１９２５年にはロカルノ条約によって、英軍とフランス軍のルール地方からの撤退が保証され、ドイツの西側国境の承認と引き換えにドイツの国際連盟加盟が認められた。ラインラント占領は１９２８年に終わりを告げ、１９２９年のヤング案により賠償金の更なる減額が合意された。ドイツは１９３０年代末までの間、外交政策目標の多くを対立ではなく協調によって達成したが、主要政党は徐々にナチスのような急進的民族主義政党によって衰退させられていった。１９２９年のウォール街大暴落に続く大恐慌の影響はとりわけ大きかった。

第二次世界大戦の「帝国的事業」

ヒトラーが１９３３年に首相となった後、ドイツは以前にもまして攻撃的な修正主義的姿勢を強めた。「豊かな英語圏の国々が支配する国際経済秩序の中でドイツの居場所を従順に受け入れる」のではなく、ヒトラーは「この秩序に対する壮大な挑戦に取り掛かる」道を選んだとトゥーズは記している[44]。ヒトラーは当初、ドイツにまだ課されたままになっていた制約の解除に注力していたが、歴代のドイツ首相とは違って、単独行動をとり、軍事力の行使も辞さなかった。

1933年秋、ドイツは国際連盟を脱退し、ヴェルサイユ条約による軍備制限に従うことを拒否した。1935年に国民投票の結果を受けて、ザール（現ザールラント州）がドイツに返還された。1936年にはドイツ軍が非武装地帯ラインラントに進駐した。ヒトラーはまた、戦時経済への移行に着手するとともに、公然と再軍備に着手し、ヴェルサイユ条約で決められた制限を超える規模に軍備を拡大した。ドイツは1939年までに、欧州で再度覇権を追求できるほどに強大になっていたのである[45]。

第二次世界大戦開戦とともに、ナチスのイデオロギーとその戦略はさらに一層、過激になっていった。ヒトラーは当初、第一次世界大戦の過ちを回避しようとしていた。すなわち、二つの戦線で同時に戦うことを避けようと考え、1939年に独ソ不可侵条約を締結したのである。これは、二つの全体主義国家の間で締結されたラッパロ条約のようなものであった。ところが、西側の戦線はヒトラーが望むほどには素早く終わらなかった。イデオロギー的必要性と資源需要から、ヒトラーは1941年夏、ソ連に侵攻し、ドイツの外交政策が常に回避しようとしてきた二面戦争に突入したのである。ソ連侵攻後、中・東欧への領土拡張は、経済的搾取のための大量虐殺計画、ドイツ人の生存圏を創出するための住民放逐へとつながっていったのである。

欧州を再編することとなった史上最大規模で最も残忍な、最も野心的な戦争により、ナチスは1880年代の「帝国協議」を源流とする大陸帝国という思想を復活させ、急進化させ、実行していった。歴史家のマーク・マゾワーが記したように、大英帝国をはじめとする他の欧州外の帝国的事業、アフリカや極東におけるドイツの植民地という実験の要素を欧州大陸に持ち込もうとしていたのである[46]。すなわち、極端な形をとってはいるが、ビスマルクが追求した海の帝国ではなく、陸の帝国の思想への回帰であった。実際、ビスマルクのように、ヒトラーはロシアのことを「我々のアフリカ」と呼んだ[47]。それと同時に、ナチスは時折、こうした帝国的事業を「欧州共同体」というレトリックで呼んでいたのである。

この帝国的事業は1943年に最高潮に達した。スターリングラード戦で敗北した後、ドイツは退却する一方で、戦闘は続いた。1918年の敗戦時とは異なり、ドイツは1945年の終戦までに、完全に破壊された。ドイツも欧州も、再び元通りになることはなかったのである。ドイツ統一以来、不安定をもたらしてきた「ドイツ問題」は、欧州大陸のほとんどが破壊された後、世界における欧州の役割を変容させた。第二次世界大戦後、欧州外の二つの超大国が欧州の戦前の大国にとって代わったのである。新しい断層線が欧州とドイツを貫くことになった。すなわち、ドイツ問題は、米国とソ連による欧州の分断によって解決されたのである。テイラーが書いたように、「世界の中心だったものが単なる〈欧州問題〉になった」のである[48]。

ドイツの「独自の道」の変容

このように、1871年から1945年までのドイツの外交政策は、構造的要因とイデオロギー的要因と呼び得るものの間の複雑な相互作用に特徴づけられる。カレオはこれを「ドイツ社会の内的衝動」と呼んだ[49]。第二次世界大戦後、歴史学者や社会学者は、ドイツがナチズムを結果的にもたらすことになった、ある種の誤った発展を遂げた、と論じてきた。こうした見方は、ドイツの「独自の道(Sonderweg)」という考え方に立ったものだった。この用語は本来、ドイツの異様な歴史的軌跡に関わる歴史学的研究方法論で用いられたが、フランスや英国の軌跡とは異なり、肯定的にも否定的にもドイツの例外主義を表現する際により一般的に用いられるようになった。

「独自の道」という用語は元々、19世紀初頭以降、ドイツの認識が西側とは異なることを指し、肯定的な意味で用いられてきた。この概念は、１９６０年代に再び否定的な意味で使われるようになった。マルクスとウェーバーの影響を受けて、社会学者のラルフ・ダーレンドルフや歴史学者のハンス゠ウルリッヒ・ヴェーラーをはじめとする一部識者は、ドイツの特質ではなく、ドイツの崩壊を理解する方策として、この用語を使うようになった。他方で、ドイツがある意味で「異常な」国家であるという考え方は、ヘルムート・プレスナーが主張した「遅れてきた国民」としてのドイツとその結果に関する思想に結びついていた。「独自の道」に関する別の考え方は、「(欧州)中央部」をどう強調するかも異なっている。強調されるのは、プロイセン軍国主義の影響、ドイツの知的歴史、なかでも啓蒙運動の概念からの逸脱や非合理主義と内向性、ドイツ社会の特質、とりわけ市民階級の役割などである。

「独自の道」の考え方のうち、とりわけ影響が大きかったのは、ドイツにおける１８４８年革命の失敗における特異な軌跡に関わる説明であった。英国で１６８８年、フランスで１７８９年に起きたような、市民階級による革命がドイツにはなかったため、ドイツの市民階級は弱く、ないしは未発達であり、19世紀には自らの共通利益のために政治行動をとる階級としての自覚を持ち損ねたという見方であった。すなわち、地主である貴族階級によって確立された支配に対する直接対決を避けたというものだった。その結果、1848年革命の失敗後、市民階級は再び封建制の下に置かれることになったのである。この誤った発展はまた、ドイツの拡張主義の原因となったという見方もあった。ヴェーラーは、ビスマルクとその後継者らは植民地の獲得をドイツ帝国内の緊張関係の解決に利用したと述べ、それを「社会的帝国主義」と呼んだのである[50]。

「独自の道」理論は今や、かつてほどには受け入れられていない。ブラックボーンとエレイは1980年に発表した革新的な研究において、「誤った発展」という考え方がいくつかの点で誤解を招きやすいことを示した。この考え方は、米国史や英国史、フランス史を理想化し、ドイツにおける市民階級の役割を過度に単純化し、そして、市民階級による革命が自由主義をもたらしたことを前提としていると指摘したのである[51]。ところが、ヘルムート・ヴァルザー・スミスは、その後に生まれた「反独自の道」(anti-Sonderweg) のコンセンサスがドイツ史における「深部における継続性」[52]を損なっていると主張した。とりわけ、同氏は、「反独自の道」の考え方は、「原因となる傾向」としてナショナリズムと反ユダヤ主義を過小評価し、1890年以前の19世紀を20世紀の「ドイツの崩壊」[53]から切り離してしまっていると主張した。

歴史学者や社会学者が国内要因に注目する傾向があったのに対して、国際関係論ではドイツの拡張主義を、国家の一般的特質や国際社会の無政府状態によって説明してきた。国際関係論のリアリスト(現実主義者)はドイツ統一を「安全保障ジレンマ」の典型的事例と指摘した。すなわち、無政府状態の国際システムにおいて、安全保障の確保のため、各国は自国の軍事力強化に動く。ところが、そうすることによって不可避的に、他の国々は安全保障が損なわれたと考えることになる。このため、悪循環が生じ、恒久的解決ないしは永続的な解決方法がなくなってしまうのである。ケネス・ウォルツをはじめとするリアリストは、国家は勢力均衡の維持、すなわち現状維持を志向すると考える。しかし、この理論はビスマルクによる1871年以降の外交政策については一定の説明能力があるが、ビスマルク辞任後の拡張主義的な外交政策については説明能力がないのである。

他方、ジョン・ミアシャイマーをはじめとする攻撃的現実主義者は、国家は勢力均衡を維持するのではなく、自国のパワーの最大化を追求すると考える。この見方によれば、「国際システムにおいては現状維持を求めるパワーは存在せず、他の潜在的なライバルに対して支配的地位を維持したいと考えるその時の覇権国家があるだけ」[54]である。従って、ミアシャイマーは、1871年から1945年までのドイツの外交政策が、攻撃的現実主義パワーとして行動する大国の「わかりやすい」事例であると主張する[55]。ミアシャイマーは、ドイツ皇帝もヒトラーも、その可能性があると考えて、欧州における覇権国家となろうと試みたと考える。言い換えれば、ドイツは相対的に十分強大だったのである。このように、外交政策においては、「ヒトラーは過去と明確に断絶があるわけではなく、ドイツのそれまでのリーダーらと同じように考え、行動した」[56]のだと主張する。言い換えれば、ドイツの「独自の道」という概念を打ち出した歴史学者や社会学者と同様に、ドイツの継続性に立脚した見解だった。

以上述べてきたように、ドイツ史における継続性に関して、また1945年以前の欧州の国際関係におけるドイツの役割について、歴史学者や社会学者、国際関係論の理論家は異なった結論に達している。このため、「ドイツ問題」に関する学際的なコンセンサスはまだ存在していない。明確なことは、1871年のドイツ統一が欧州における新たな中心的パワーを生み出し、拡張主義の外交政策を追求した結果、最終的に破滅を招いたということである。議論の余地があるのは、その原因がどの程度まで構造的なものであり、イデオロギー的であったのかということである。言い換えれば、その原因が国家の本質によるものか、ドイツに広く共有されていた思想によるものなのかということである。このことは最近まで、純粋に学術的問題のように思われてきた。カレオが１９７８年に記したように、ドイツ問題は「歴史の中に消えた」[57]と思われていたからである。

第2章 理想主義と現実主義

Idealism and Realism

二つの外交政策——安全保障と経済復興

ドイツ連邦共和国は第三帝国の法的な継承国家であり、1949年の建国後の十年間に国家運営に携わった者の多くは旧ナチ党員であった。第三帝国と連邦共和国の継続性、とりわけ外務省についでは強固であったことが分かっている。四人の歴史家によるチームは数年前、外務省の公文書を調査し、外務省とナチスとの関係、ナチスの過去との関与に関する網羅的な歴史書を刊行した。外務省のホロコーストとの共犯関係だけでなく、ホロコーストに関与した外交官の何人が戦後再び外交官として活動したかについても明確にした。その結果、ナチス時代よりも1950年代の方が、より多くのナチスが外務省内にいたことが判明したのである[1]。

しかしながら、１９４５年は後に多くのドイツ人がそう信じた「決定的瞬間」ではなかったものの、少なくとも外交政策においては一つの断絶であった。外務省職員の中には、ヒトラーの外交政策を履行してきた者もいたため、１９６０年代に左派の一部の若者はドイツ連邦共和国が第三帝国と同じだと主張したが、そうではなかった[2]。ドイツの国土は戦争によって荒廃していた上に、広さは１９３９年の開戦時に比べて約半分になり、石炭などの有用な資源を失っていた。ドイツはまた、民主主義を導入し、経済も西側連合国によって転換させられた。とりわけ、（１８７１年のドイツ統一から１８７３年の恐慌までの）「創設者の時代」と呼ばれる時代以来、ドイツ経済を支配してきたカルテル（企業連合）を断ち切ったのである。１９４５年の荒廃は、ドイツ人を変え、とりわけ戦争に対する態度は変化していたのである。

ドイツを取り巻く環境もまた、冷戦の出現によって全く変化した。冷戦は建国と時を同じくして深まり、建国自体がその要因の一つであった。１８７１年のドイツ統一から１９４５年の敗戦まで、ドイツは欧州の中央に位置する強国であり続けた。対照的に、ドイツ連邦共和国は西欧の東端に位置する弱小国家であった。言い換えれば、その位置が「中心的位置」（Mittellage）から「境界部」（Grenzlage）に変わったのである。西ベルリンという飛び地は、ソ連による１９４８～１９４９年のベルリン封鎖が象徴するように、攻撃されやすい状況にあった。すなわち、西ドイツ時代はその歴史のほとんどの時間を、異例の制約の下で過ごしてきたのである。１９９０年の再統一まで、西ドイツは「ソ連の脅威からの防衛を同盟国に依存し、自国の国益を定義し、あるいは明確に追求することを第二次世界大戦の歴史によって禁じられた半主権国家」だったのである[3]。

こうした制約の中で、ドイツ連邦共和国は特に二つの外交政策目標を追求した。安全保障と経済復興である。連邦共和国の歴史の大部分の期間において、安全保障は不安定だった。事実、西ドイツにとって安全保障はあまりに重要だったため、歴史家の中にはその全歴史が安全保障の希求の歴史だという者もいた[4]。経済復興はより柔軟な目標であったが、復興が達成されれば行動の自由度が増す可能性があったため、その重要性に変わりはなかった。ドイツ連邦共和国は限定的な意味で修正主義的であった。すなわち、基本法の前文がドイツ再統一を目標として掲げているからである。しかし、再統一は外交政策目標としては次第に格下げされ、欧州のより幅広い変容に連動する長期目標として考えられるようになっていった。

経済復興と安全保障という二つの外交政策目標を特異な状況下で追求する中で、ドイツ連邦共和国は多くの人々の目には外交政策への新しいアプローチと映る手法を発展させていった。事実、ドイツが1871年から1945年にかけて追い求めてきた外交政策とは対極にあるものだった。それは多国間機構、とりわけ北大西洋条約機構（NATO）と、後に欧州連合（EU）になった機構への国際統合という思想に基づいていた。このアプローチはドイツ連邦共和国の40年余の歴史の中で徐々に発展し、全く新種の外交政策のアクターとしてとらえる見方も出てきた。それは、連邦共和国以前のドイツのような、リアリストがいう大国ではなく、規範パワー、言い換えれば国際規範を規定するパワーだというのである[5]。そして、おそらく最も重要なことは、集団安全保障が勢力均衡に取って代わった状況下において、自衛以外の武力行使を否定したことだった。

この外交政策に対する新しいアプローチを理解するために、最も影響力があったのは、おそらくドイツ連邦共和国が「シビリアン・パワー」であるとする見方であろう。すなわち、大国とは異なり、国際規範を強化することによって国際関係を「文明化する」ことを目指すパワーだというのである。

この叙述的で規範的な用語は、フランシス・デュシェンヌが１９７０年代にEUを表現するために考え出したものだった。それをハンス・マウルはドイツに適用し、ドイツは日本とともに「国際勢力の新しいタイプの原型」となったと論じたのである。それは、国際的目標を追求する際に他国との協力の必要性を受け入れ、その外交政策目標を達成するために非軍事的手段、特に経済的手段に集中し、超国家的機構にその主権を移譲する用意があるパワーであると論じた[6]。

マウルはドイツと日本がシビリアン・パワーになったのは、選択というよりは必然性によるところが大きいとみていた。両国は第二次世界大戦で敗北し、領土の譲渡を余儀なくされた。しかし、冷戦の出現によって、領土を要求することは両国の国益にならず、むしろ両国の安定性を脅かしかねなかったのである。冷戦という国際環境の中で、両国は米国への戦略的依存を優先し、独自の安全保障政策の追求を断念した。それは、両国が抱える防衛問題への比較的安価で効果的な解決方法であり、安全保障の代わりに経済成長にエネルギーを集中させることができたのである。手短に言えば、ドイツ連邦共和国は利他主義の立場からシビリアン・パワーというアイデンティティを受け入れたのではなく、外交政策的野心と目標を実現する最善策と考えたからだった。

マウル自身が認めているように、シビリアン・パワーの概念は多くの点で、リチャード・ローズクランスが提起した「貿易国家」[7]に類似していた。ローズクランスは１９７０年代と80年代に、生産固定資産の減価により、伝統的な戦略がもはや機能しなくなった国家は、それが国の規模によるものであれ、近年の紛争経験によるものであれ、伝統的な軍事力や領土拡張よりも、むしろ世界貿易における市場占有率の拡大に依拠した戦略を次第に採るようになったと論じた。その結果、領土拡大よりも国際通商を通して自国の使命を追求する「新しい政治的原型」となる国家が出現した。外交政策のアナリストらは、とりわけこの貿易国家の概念をドイツに適用したのである[8]。

しかしながら、ドイツのようなシビリアン・パワーが現実には貿易国家であったとしても、前者はその究極の目的において、概念上後者と異なる。特に、マウルのシビリアン・パワーの概念は、社会学者であるノルベルト・エリアス[9]による政治と社会における文明化過程の理論を源流としている。シビリアン・パワーにとって、優先される外交政策目標は、単に経済成長や繁栄を達成することではなく、国際関係を国際的法の支配の発展によって文明化することである。言い換えれば、シビリアン・パワーは国際政治を国内政治のようにすることを目標としている。とりわけ、集団的武力行使や国際的正当性のある場合を除いて武力行使を回避することにより、シビリアン・パワーは、国家が国内で武力行使を独占しているように、国際社会では多国間による武力行使の独占が進展することに貢献することを目的としている。

マウルは、シビリアン・パワーの概念が理想主義的なものであることを強調している。ドイツ連邦共和国は日本とともに、他のどの国よりもこの理想の実現に近づいていたかもしれない。しかし、連邦共和国の歴史は一貫しているわけではない。現実には、外交政策の決定は、他の民主国家と同様、多種多様な競合する利害を代表するアクター間による複雑な相互作用の中で決定される。外交政策は時の経過によって揺れ動いてきた。有益とはいえ、ドイツを国際関係の新しい「原型」とする言説は、外交政策に存在してきたコンセンサスを必然的に強調し、外交政策上の議論における争点を控え目に扱うことになる。１９９０年の再統一以降に起きた変化を理解するには、こうした争点をより詳細に検証する必要がある。

米国の外交政策に関する議論は、理想主義と現実主義という概念の枠組みの中でなされる傾向がある。例えば、リチャード・ハースによれば「現実主義者と理想主義者との間の論争は、米国の外交政策に関する議論の根本的な争点である」[10]という。理想主義は、規範や価値の促進、とりわけ民主主義の促進を含む「イデオロギー的な」米国の外交政策に結びつく傾向がある。理想主義者は、米国の国際社会への関与を信奉する傾向がある。一方で、現実主義者は、より強固な国益の追求、とりわけ経済的・戦略的利益の追求を含む「非イデオロギー的な」外交政策と結びつく傾向がある。米国の外交政策におけるリアリズムは、孤立主義や帝国主義と関連づけられる傾向がある。

ドイツ連邦共和国の外交政策が、このような形で理想主義と現実主義の潮流の競合関係として分析されることはほとんどない。その理由は一部には、その外交政策がシビリアン・パワーの概念に結びついていることにかなりの程度コンセンサスが形成されているためである。すなわち、それは理想主義的アプローチであり、１９４５年以前の外交政策が現実主義的アプローチだったのとは対照的である。さらには、ドイツ連邦共和国に存在した相違は左派か右派かという文脈で検討される傾向があったという理由もある。しかしながら、外交政策の議論において、左派か右派かといった議論を超えた、競合するアプローチにおける緊張関係を示すことは可能である。事実、半主権国家と冷戦という制約の中で、外交政策の議論において、１９９０年の再統一以前に、二つの明確な潮流が生まれた。一つは現実主義であり、他方は理想主義であった。

ウォルター・ラッセル・ミードは「米国の外交政策過程を実際に動かしている問題と利害」[11]に基づいて、外交政策を理解するためのアプローチを提案した。米国の外交政策における理想主義と現実主義の対比を発展させ、複雑にさせることにより、ミードは四つのアプローチないしは学派に分類した。これらは、米国と国際秩序における変化に対応して発展したものの、米国史の比較的初期に始まって、現在に至るまで存在が認められ、外交政策に影響を与え続けているものである。ミードが米国の主要な政治家（ジェファーソン、ハミルトン、ジャクソン、ウィルソン）と結び付けたこれら四つのアプローチや学派は、米国の世界におけるアイデンティティや役割について明確に異なる見方を示している。

ドイツ連邦共和国の歴史は米国の歴史よりはるかに短いとはいえ、それでも類似の方法により、外交政策への明確なアプローチを示すことはできる。ミードによれば、先に紹介した米国外交政策に関する四つのアプローチは、国際秩序への関与に関する課題に対して、異なる反応を示したものだった。全歴史を通じて、その多くは英国への対応が中心だった。ドイツはむろん、地理も歴史も異なるため、アプローチも異なることになる。ドイツ連邦共和国の外交政策の争点は、冷戦期に直面した特定の課題への対応の形で現れた。とりわけ、それは西側とナチスの過去とのドイツの関係を中心としたものだった。言い換えれば、ドイツの外交政策の議論は、地理的なものと歴史的なものという二つの軸上で起きる傾向があったのである。

再統一までの西ドイツの外交政策に関わる主要な論点は、自国と西側との関係に集中していた。安全保障と経済復興という二つの外交政策目標は、国際統合、特に西側との結びつき、いわゆる「西側との統合」を必要としていた。しかしながら、そうした統合の発展はドイツの分断を深化させた。それゆえ、西ドイツの安全保障と東ドイツとの関係の間には相反関係があったのである。こうして、外交政策上の二つのアプローチが生まれた。一つは、ドイツの分断を深化させるという犠牲を払ってでも西側との統合を進展させるというものであり、他方は、何よりも統一を強調し、ドイツ分断を深化させる場合には、西側との統合を否定する立場であった。

アデナウアーの「西側との統合」――理想主義

１９４５年までのドイツ史においては、ナショナリズムは一般的に右派と結びついていた。左派は国際主義的な傾向があった。しかし、ドイツ連邦共和国においては１９４９年以降、中道左派は外交政策においては、右派よりもナショナリストであった。冷戦という背景の中で、ドイツ連邦共和国の最初の20年間、政権の座にあった中道右派のキリスト教民主同盟（ＣＤＵ）は、西側との統合を最優先に進めた。１９６６年まで野党の座にあった中道左派の社会民主党（ＳＰＤ）はこのアプローチに挑戦し、ドイツ再統一の可能性を残そうと試みた。従って、外交政策上の争点は、「自由」思想を中心とする中道右派による理想主義か、「平和」思想を中心とする中道左派のナショナリズムか、だったのである。

西ドイツの外交政策にとって第一の決定的人物はコンラート・アデナウアーであった。ＣＤＵ選出のケルン市長であり、１９４９年にドイツ連邦共和国最初の首相に就任し、１９６４年まで務めた。アデナウアーが首相になった当時、西ドイツは依然として三つの西側同盟国、すなわち英国、フランス、米国による保護国の状態であった。ドイツ占領法の下、三ヵ国の高等弁務官は、安全保障上の理由や民主的政府を支援するために必要と考えた場合、介入する権利を有していた。従って、アデナウアーの主たる目標は、連合国にソ連の脅威からの保護を求める一方で、より大きな行動の自由を獲得することだったのである。

アデナウアーのアプローチはある意味で、シュトレーゼマンが１９２０年代に採った方法に似ていた。両者の戦略はともにドイツの弱さを認識していた。シュトレーゼマンのように、アデナウアーは自らの行動の自由を拡大しようとした。しかし、1940年代後半から1950年代初めにかけての時期では、状況は全く異なっていた。とりわけ核兵器をはじめとするソ連のパワーと冷戦という状況においては、安全保障を確保するためには、1920年代のように米国の経済支援だけでなく、米国の軍事支援も必要としていたのである。

このため、アデナウアーの目的は、ドイツ連邦共和国（西ドイツ）を西側同盟における同等の加盟国とすることだった。さらに、シュトレーゼマンとは違い、英国嫌いの理性的な共和主義者、すなわち信念ではなく訳あって共和主義を支持していたアデナウアーは「生活の意義に関して、同じ基本的価値観を持ち、ソ連の脅威に対して自由世界の共通の理想を守る」[12]民主主義国による同盟の価値を信じていた。このように、アデナウアーの外交政策のアプローチは理想主義的なものだったのである。

その意味でアデナウアーの最初の成功は、西ドイツからの工業施設撤去に終止符を打ち、西ドイツがルール国際機関の加盟国に認められた1949年のペータースベルク協定であった。これにより、それまで西ドイツを排除していた同機関は、西ドイツが同等の資格で加盟を認められた初めての多国間機構になったのである。しかしながら、本当の意味での大成功は、欧州石炭鉄鋼共同体（ＥＣＳＣ）が翌年に創設されることにつながった1950年のシューマン・プランであろう。フランス、イタリア、ベネルクス三国、そして西ドイツの石炭と鉄鋼産業を統合するという構想は、フランス外相のロベール・シューマンが提案したものだった。シューマンは、このように鉱工業生産を共同管理することがフランスと西ドイツの間の戦争を「考えられないものにするだけでなく、物理的にも不可能にする」[13]と考えたのである。

シューマン・プランは現在、結果的にＥＵ創設につながった過程の始まりとして記憶されている。

コンラート・アデナウアー
（1876－1967）

しかしながら当時は、同プランが持つ意義はドイツ連邦共和国にとって、曖昧なものだった。ＥＣＳＣ創設は、西ドイツ経済が他の西欧諸国の経済に統合される一方で、経済機会が創出され、特に新しい市場が保障されたことにより、西ドイツの経済復興に寄与した。しかしながら、それと同時に、おそらく最も重要だったのは、これによって西ドイツの主権が拡大したことだった。とりわけ、西ドイツが占領下にある敗戦国というよりはむしろ、平等なパートナーとして扱われる、重要で新たな多国間機構が設立されたことがおそらく最も重要だったのである[14]。

こうしたアデナウアーのアプローチはＳＰＤ党首のクルト・シューマッハーに拒否された。同氏は戦時中、ダッハウ等の強制収容所に収監されていた。シューマッハーは外交政策の優先目標にドイツ再統一を掲げ、アデナウアーがドイツを売り渡したと非難した。アデナウアーがルール国際機関への参加に同意し、同機関を認めて以降、シューマッハーはアデナウアーを「連合国の首相」[15]と呼んだ。ＳＰＤはまた、シューマン・プランについて、ドイツ再統一の可能性を遠ざけるものであり、保守的で官僚的、資本主義的であり、その後にＥＵへ発展するものの核である陣営に、西ドイツを引き込むものだとして反対した[16]。このように、右派が愛国心に欠けるとして左派を批判していた戦前の構図は反転した。中道右派の愛国心に疑問を投げかけているのは今や左派であった。

アデナウアーが政治的理由から、東ドイツの一部を構成することになった、ＳＰＤが強い中心地域を失ったことを実はかなり喜んでいたのではないかという憶測も出ていたが、アデナウアーは実のところ、ドイツ再統一に反対だったわけではなかった。アデナウアーは、再統一は変容した欧州においてのみ可能だと考えていた。従って、欧州統合は主権の追求より国益を追求するために、より有望な道筋を提供していたのである。このためアデナウアーは、再統一を犠牲にして、安全保障と経済再建を強調する傾向があった。再統一はアデナウアーにとって長期的目標であり、連合国からより大きな行動の自由を獲得し、西側統合をより深化させるという喫緊の目標からみれば、副次的目標に過ぎなかった。統一され、中立で、占領されていないドイツという１９５２年のスターリンの提案をアデナウアーが拒否したのは、そうした考えからであった。

１９５０年夏に始まった朝鮮戦争は、米国の関心を欧州からアジアに向かわせた。同戦争により、西ドイツはソ連の脅威に対し、さらに脆弱な状況になった。このような状況に対応していくため、アデナウアーは１９５０年代後半に西ドイツをより一層西側へ統合し、欧州の分断をさらに深化させる一方、ドイツ民主共和国（東ドイツ）を安定させることになる二つの措置を講じた。第一に、西ドイツは１９５５年に再軍備し、ＮＡＴＯに加盟した。これは、ＥＣＳＣ加盟よりも論議を呼ぶこととなった。東西両ドイツ間国境を武装兵士が警備し、西ドイツ兵士が東ドイツ兵士を狙撃し、あるいはその逆のことが起きる現実の可能性が生まれたからである。ＳＰＤは中立を支持し、「平和」の名の下に再軍備に反対していたため、これにも反対したのである。

西側との統合を完成させた第二の措置は、欧州経済共同体（ＥＥＣ）が創設され、「欧州の人々の間でかつてない緊密さ」を実現することを目標に設定した１９５７年のローマ条約であった。これにより、欧州統合は西ドイツにとって、スタンレー・ホフマンが指摘するように「不名誉と無能から、敬意と平等な権利への大躍進の機会」[17]になったのである。ティモシー・ガートン・アッシュによれば、西ドイツには「欧州への関与を示すことに核心的な国益があった。近隣諸国や（米国・ソ連を含む）国際的なパートナーの信頼を取り戻すことによってのみ、ドイツ再統一という長期目標を実現し得るからである」という。言い換えれば、「西ドイツの欧州主義は単に役に立つというだけでなく、真に倫理的、情緒的な関与を反映しており、純粋な理想主義から出たものでもなかったのである」[18]。

バールの「接近による変化」――現実主義

アデナウアーによる中道右派の理想主義的アプローチは、西ドイツの安全保障と経済再建の達成に素晴らしい成功を収めた。しかし、１９６０年代前半までに、その限界を迎えていた。ベルリンの壁が１９６１年に建設された後、欧州の状況は安定したのである。加えて、戦略的環境は変化していた。米国はもはや戦略核兵器において優位を確保できず、ジョン・Ｆ・ケネディ新大統領は、平和を強調していた。他方、ＳＰＤは１９５９年のバート・ゴーデスベルクにおける党大会で、ついに西側との統合を容認したのである。

アデナウアーの理想主義的アプローチにとって代わる初めてのアプローチが生まれたのは、こうした新しい状況が生まれたからであった。この新しいアプローチの知的推進力になったのは、西ベルリン市長、ヴィリー・ブラントの顧問であるエゴン・バールであった。キッシンジャーは後に、バールが構想を描いたブラントの政策は、西ドイツのそれまでの外交政策を「反転」させて「超越」した、と記している[19]。

１９２２年生まれのバールは、国民の視点からあらゆる物事を考えた。バールはクルト・シューマハーに心酔し、アデナウアーを「分離主義者」[20]と呼んでいたＣＤＵのヤコブ・カイザーを高く評価していた。バールは、ドイツが後に「内的主権」と呼んだものを回復し、より自信を持って国益を追求すべきであると考えていた。バールは、ドイツの国益が米国のそれと同一でないにもかかわらず、アデナウアーがドイツの国益を見誤っていると考えていた。何よりも、アデナウアーは、西側との統合と相容れない再統一の可能性を無視していると考えていた。西ドイツがそれまでとってきた西側統合政策と厳しい反共産主義政策は、根本的に均衡を欠いた外交政策を生み出してきたというのである。すなわち、「西側には超国家的な対応で、東側には要求を出す。西側には妥協に応じる姿勢を示し、東側には原則的な非妥協的姿勢を示してきた」[21]という。そうではなく、ドイツは再統一のための計画が必要だというのである。

バールは1963年夏、バイエルン州のシュターンベルク湖畔のトゥツィングにある保養施設で、ドイツ問題への新しいアプローチの概要を示した。ドイツ再統一の条件はソ連の協力があるときのみ達成され、その反対にあえば実現不可能であるという認識を示した。従って、論理的に考えれば、西ドイツは東ドイツ政府を損なうのではなく、その安定を求めるべきであるという。西ドイツは東ドイツの存在を受け入れ、対外貿易や東西ドイツ間の政治的・経済的・文化的結びつきを強くすることにより、東ドイツの生活水準を徐々に改善するようにすべきであると指摘した。これらの結びつきは変容をもたらすはずであり、バールはこれを「接近による変化」と呼んだ。こうした変容は、「小さな一歩」の積み重ねの果てに最終的にドイツ再統一を導く可能性があると述べた。バールはこれを「柔道」[22]だと考えた。他方、東ドイツ外相はこれを「スリッパをはいた攻撃」[23]と呼んだのである。

ブラントが1966年に初のSPD選出のドイツ連邦共和国首相に就任してから、バールはこの新しいアプローチを実行に移す好機を得た。その頃までには、国際環境は一変していた。1968年には、リチャード・ニクソンがリンドン・ジョンソンの後を継いで、米国大統領に就任した。その国家安全保障補佐官であるキッシンジャーは、ソ連に対して新しい緊張緩和政策を開始し、バールとは1964年にワシントンで初めて会った時に秘密の外交ルートを築いた。キッシンジャーは当初、バールが提案したドイツ政策への新しいアプローチを懸念していた。というのも、「本質的にナショナリズムの観点」[24]に由来する政策だと考えたからである。結局のところ、このアプローチは、現実的にドイツの分断を受け入れながらも、長期的には小さな一歩を重ねてドイツ統一を実現するための方法として意図されていた。米国はドイツ統一には反対ではなかったが、ドイツ連邦共和国が「フィンランド化」するという犠牲を払ってまで実現することは望んでいなかったのである。

バールの新しいアプローチは、ゴードン・クレイグが「反イデオロギー的」と呼んだ、現実主義的政策であった[25]。事実、キッシンジャーはバールをビスマルクに連なる考え方の持ち主だとみていた。すなわち、ビスマルクがそうだったように、バールは「(欧州の)中央に位置するドイツの地理をその国家目標に利用しようとしている」と考えていた。バールの目標は、ビスマルクの時代のそれとは異なっているものの、キッシンジャーの目には、バールの思考方式はそれでもなお「中心的位置」の論理への回帰に映ったのである。バールはドイツ連邦共和国の行動の自由を最大化しようと試み、ドイツのソ連に対するアプローチを超大国米国のアプローチとは積極的に差別化しようとした。

キッシンジャーは、アデナウアーと違って、バールが情緒的な意味でNATOに対する愛着を持っていないと考えていた。しかし、キッシンジャーの懸念は、ソ連に対する保護を依然として必要とする西ドイツがNATOを脱退するかもしれないということではなく、ドイツが「基本的な安全保障上の利害に影響を与える場合でも、欧州以外のことについては論争を避けかねない」[26]可能性があるということだった。

デタントとブラントの東方政策

キッシンジャーと他の西側指導者は「西側と東側の間を渡り歩きながら自由に行動し、強力なドイツは、そのイデオロギーがどうであれ、欧州の勢力均衡にとって古典的な挑戦になる」[27]と考えていた。冷戦という状況下では、キッシンジャーは東方政策が翻ってNATOの結束を損ない、ソ連の掌《てのひら》の上で踊らされる可能性を懸念していた。そうなれば、ソ連が「異なる緊張緩和」戦略の一環として、欧州を米国から離反させる可能性があると考えていた。「ある状況下では、ソ連に対する行動の自由を拡大するために、米国と距離を取ることが欧州の利益になる可能性があった」[28]。とりわけ、欧州が緊密な経済関係を通じてソ連への依存を強め、ソ連と関係改善していく可能性はあった。このように、平和というレトリックと経済的相互依存の現実は西側の結束を損ないかねなかったのである。

しかしながら、キッシンジャーは「東方政策のリスクが何であれ、代替案の方が依然としてリスクが高い」[29]と考えるようになった。代替案とは、東方政策に反対し、西ドイツを西側同盟や西側のパートナーから切り離してしまうことだった。そこで、米国は1970年以降、ブラントが東側陣営の国々と一連の条約を締結したことを支持したのである。この新しいアプローチは、米国の大きな不安を払拭することにも役立った。西ベルリンのことである。東方政策とベルリン問題を関連付けることを粘り強く主張し、米国はソ連から譲歩を引き出すことに成功したのである。

キッシンジャーは後に書いている。「東方政策への支持によって、米国は20年続いたベルリン危機を終結させる梃子《てこ》を入手した」[30]。包括的合意が1971年に締結され、「前線都市」である西ベルリンへの安全保障とアクセスが保証されたのである。キッシンジャーは「ベルリンは国際的な危険な都市の一覧から削除された」[31]と後に書いている。

上述のように、ケネディの「平和戦略」は東方政策が生まれる余地を生み出し、バールの緊張緩和政策はキッシンジャーの政策とぴったり合致した。バールは後に、キッシンジャーへの謝意を表している。バールは「キッシンジャーがいなければ、われわれの緊張緩和政策はこのような形で存在することはなかったであろう」[32]と書き記している。「平和」のレトリックではあるが、東方政策は、リシュリューにさかのぼる勢力均衡と国益の概念を中心とする現実主義者の戦略として捉えられるべきであるとされる。

アッシュは著書『欧州の名の下に』の中で、東方政策について、バールとキッシンジャーを「緊張緩和政策における二人のメッテルニヒ」と表現し、二人の傑出した現実主義者であると述べている[33]。このように、ブラントの東方政策は、西ドイツの外交政策における中道左派による現実主義の潮流の始まりであると考えられる。

ブラントの東方政策は、アデナウアーの西側統合と同じように、素晴らしい成功を収めた。ＣＤＵは当初激しく反発し、民間の情報収集機関を使ってブラントの動向を探るほどであった[34]。しかし、西ドイツ国民は１９７２年の連邦議会選挙で東方政策を圧倒的に支持した。国政選挙で外交政策が主要な争点となったわずか数回のうちの一回だった。その後、ブラントは１９７４年５月、個人秘書の一人であるギュンター・ギヨームが東ドイツのスパイであったことが発覚し、辞任に追い込まれた。

ブラントの後任として首相に就任したのは、ブラント政権で財務相を務めていたヘルムート・シュミットだった。米国とソ連の間では、緊張緩和（デタント）は継続していた。核弾道ミサイルの保有数を制限する戦略兵力制限交渉（ＳＡＬＴ）に基づく協定が署名され、欧州の通常兵力削減交渉は続き、安全保障や経済協力、人道的問題などに関する一連の合意は１９７５年のヘルシンキ宣言に結実したのである。

米国では、デタントに関するコンセンサスが、米国の外交政策があまりに現実主義に傾き、民主主義と人権の促進という側面を無視していると考える民主党の一部から反発を招いていた。スクープの愛称で知られたヘンリー・Ｍ・ジャクソンや民主党内の会派「民主的多数派連合」をはじめとする新保守主義者（ネオコン）の第二世代は、米ソ間におけるイデオロギー競争を控えめに扱おうとする米国の外交政策を攻撃した。キッシンジャーは国際関係におけるイデオロギー的なキャンペーンを破壊的要因として拒否したが、ネオコンのグループはデタントを米国の価値観に対する背信であると考えていたのである[35]。このように、デタントに対する反発は、米国の外交政策に対する新たな理想主義的な影響を生み出し、１９８０年代のレーガン政権に影響を与えていくことになる。

西ドイツ版のデタントはいくつかの意味において、米国よりもさらに現実主義的であった。とりわけ、シュミット政権下における東方政策の第二段階として知られるようになった政策は、安定自体が最終目的になったために、バールが描いた戦略のうち、変容をもたらす要素が大幅に忘れ去られてしまったのである[36]。クレイグは、ヘルシンキの交渉において、西ドイツが「西側同盟国に比べて、条約の中の経済・技術・環境分野における協力により積極的な関心を示したが、人権問題には事実上全く関心を示さなかった」[37]と記している。事実、東方政策に傾注するあまり、ポーランドにおける「連帯」の出現を「欧州の平和に対する脅威」と見なす見方もＳＰＤの一部にあった[38]。ヤルゼルスキ将軍が１９８１年に戒厳令を宣言した時には、バールはポーランドよりも平和の方が重要だと書いたのである[39]。

シュミットの外交政策と歴史家論争

しかしながら、米国とは異なり、西ドイツではデタントに対する反発はほとんどなかった。むしろ、デタントが生み出した外交空間において、シュミット政権下の西ドイツはより経済重視の外交政策を追求し始めた。シュミットが１９７３年のオイル・ショック後の経済安定に成功したことは、他の西側諸国のモデルの一つとなり、１９７６年の選挙戦でシュミットは「ドイツ・モデル」というスローガンすら使用したほどだった。西ドイツの相対的経済力が向上すると、西ドイツは外交政策においても、より大きなイニシアチブを発揮し始めた。とりわけ、経済政策の協調を強化すること、例えば、先進国首脳会議（サミット）の創設がそうであった。東ドイツとの二国間協定も次々と締結し、両ドイツ間の貿易が増大し、両国間の旅行が緩和されたことにより、東ドイツは次第に、財政的に西ドイツへの依存度を高めていったのである。

ところが、冷戦が１９７０年代末に激化すると、西ドイツは方針の変更を迫られた。ソ連は１９７７年に中距離核兵器に代えて、西欧、とりわけ西ドイツにとって直接の脅威となる新型のＳＳ―20中距離弾道ミサイルの配備を開始した。ＳＡＬＴ合意は米ソ超大国間の全面核戦争の危険を削減したものの、その合意には中距離弾道ミサイルや、西欧を脅かす他の短距離ミサイルは含まれていなかった。他方で、ソ連は通常兵器においても圧倒的な優位を維持していた。シュミットのような一部の西ドイツ市民にとって、ソ連が西ドイツを通常兵器で攻撃した際に、米国が核兵器を使用すると考えることはますます難しくなったように思われた。言い換えれば、核の抑止力は徐々に信頼性を欠き、冷戦期以前よりも一層危うい状態に置かれているように思われたのである。

シュミット首相は1977年10月、英国国際戦略研究所（IISS）におけるスピーチで、ワルシャワ条約機構加盟諸国が軍備縮小に応じないのであれば、NATOは西欧において再軍備する必要があると訴えた。シュミットはその後の2年間において、ソ連の新たな脅威に対応するため、NATOの対ソ連戦略を変更するよう求める一方、米国が西欧に新型の中距離弾道ミサイルを配備する必要があると説得したのである。

NATOは1979年12月、もしソ連がSS—20ミサイルを1983年までに撤去しない場合、西ドイツを含む西欧諸国に巡航ミサイルとパーシングⅡミサイルを配備することで合意した。ところが、西ドイツ首相が働きかけた合意だったにもかかわらず、西ドイツではこのNATOのいわゆる「二重決定」に対する大きな反発が起き、ミサイル配備に対する大規模な反対運動が始まったのである。

平和運動は、二人の政治学者が「ドイツ連邦共和国史上、最大かつ最も多種多様な参加者からなる大衆運動」と呼んだほどで、西ドイツで「平和」という概念がいかに共感を呼ぶものかの例証となった[40]。同運動は、シュミット政権崩壊とそれに続くヘルムート・コール政権発足という政権交代があった1982年に最高潮に達した。連邦議会がミサイル配備の決定を控えた1983年10月、ヴィリー・ブラントや作家のギュンター・グラスを含む40万人が西ドイツ史上最大規模のデモに参加した。とりわけシュミット自身が所属するSPDで反対の声が強かったのである。SPDは1983年11月の党大会で、583対14でミサイル配備に反対を決議し、シュミットの政策を拒否した。これは、再軍備の受け入れと西側との統合を決めた1959年のバート・ゴーデスベルク党大会における決定の一部撤回をも意味していたのである。

ヘルムート・シュミット
（1918－2015）

シュミットの外交政策は、西ドイツが冷戦期に直面したジレンマを象徴していた。デタントの時期は、西ドイツはより経済重視の外交政策を開始し、何よりも自国の繁栄を最大化させる「貿易国家」として行動するようになっていった[41]。しかし、安全保障に関しては米国に依存し続けていた。従って、戦略環境が一変すると、西ドイツの外交政策もまた変わらざるを得なくなった。ブラントとシュミットがデタント下で進めた経済重視のアプローチの政策よりも、戦略的懸念を優先せざるを得なかったからである。このように、西ドイツは、アデナウアーからシュミットに至るまでの主要な外交目標であった、行動の自由を拡大するという意味では成功したものの、同国は冷戦によって、依然として厳しい制約下にあることが示された。

もし80年代における西ドイツの外交政策にとって戦略的環境が「厳しい」制約だとしたら、ナチスの過去は「ソフト」な制約だった。西ドイツは60年代と70年代になり、遅ればせながらナチスの過去を議論し始めた。とりわけ、１９６３年にアウシュビッツにおける元監視員17人の裁判がフランクフルトで始まり、西ドイツはホロコーストに対する責任に向き合い始めたのである。しかし、この件は逃走的であると同時に、関与でもあった。60年代と70年代に西ドイツの路上デモに参加し、第三帝国に関する50年代の沈黙に挑戦したと考えていた学生も、何らかの形でナチスの過去を相対化していた[42]。それにもかかわらず、ホロコーストが西側のどこよりも強力な集団的記憶として現れたのは、60年代に始まったナチスの過去に関する議論を契機とする学習プロセスによるものであった[43]。

その表れの一つとして、70年代以降、西ドイツの連邦政府首脳や各州首相が国を代表として悔悟の念を示す行動を取り始めたことにみることができる。ブラント首相が１９７０年12月、１９４４年のワルシャワ・ゲットー蜂起記念碑前の追悼式で跪《ひざまず》いた時、ジェフリー・ハーフは「西ドイツ首相が初めて公的に悔悟を認め、ドイツ人が第二次世界大戦中に東欧とソ連の人々にしてしまったことへの償いの気持ちを示した」[44]と書いた。

シュミットは１９７７年、アウシュビッツで演説した初めての西独首相となった[45]。そして１９８５年５月、ＣＤＵ出身のヴァイツゼッカー大統領は、第二次世界大戦のドイツ降伏40周年を記念する演説で、ナチスの過去に対する悔悟の念を示す決定的な演説を行った。このように、ホロコーストは「ドイツの政治エリートの国民的記憶」[46]として定着していったのである。

ところが、ホロコーストが西ドイツの国民的アイデンティティの中心へ移動したかのように思われるとすぐに、右派からの反発が起きた。ヴァイツゼッカー演説後の夏に、西ベルリンの歴史家エルンスト・ノルテは、フランクフルター・アルゲマイネ・ツァイトゥング紙に発表したエッセイで、ナチスの残虐行為、とりわけホロコーストは、特にスターリン主義者のテロなど、20世紀における他の犯罪の文脈でのみ理解され得ると述べた。

ノルテはそれ以前に『ファシズムの時代』という著作を著し、その中でファシズムはドイツ独特の現象というよりは、欧州における現象であるとの見方を示した。ノルテは、ナチスの「最終的解決」が現実にはソ連の「階級的殺人」に対する防衛反応であり、「論理的で現実の前兆」[47]であったと論じたのである。常に記憶にとどめることを呼びかけたヴァイツゼッカーに直接反論する一方で、ノルテはナチスの過去が他の犯罪同様に「忘れ去られる」[48]ことが許されるべきであるとの立場を示したのである。

このエッセイは議論を巻き起こし、何箇月にもわたって西ドイツの主要紙の文芸欄で繰り広げられ、後に「歴史家論争」として知られるようになった。もともとはホロコーストの「唯一性」に関する史料編纂上の議論であったとは言え、ドイツのナチスという過去に関する終止符を打つ時期が来たのかという問題が焦点になっていった。ノルテに対する批判者の中には、哲学者のユルゲン・ハーバーマスもいた。ハーバーマスは、ノルテやミヒャエル・シュトゥルマー（ヘルムート・コール首相のスピーチライター）といった保守的な歴史家らを、「正常化」されたドイツ史に基づく、新たな修正主義ナショナリストの課題の一部として、「最終的解決」を「相対化」する試みであると批判した[49]。

歴史家論争はおおむね左派と右派の間の論争であった。右派はナチスの過去を「相対化」ないしは「歴史化」してドイツの国民アイデンティティの「正常化」を望み、左派はホロコーストの特異性とそれを記憶する必要性を主張していた。

この論争はまた、西ドイツの外交政策にも影響を与えた。１９８０年代までに、西ドイツの外交政策担当者らの間では、多くはアデナウアーの復興政策に基づいて、あるコンセンサスが形成されていった。すなわち、ナチスの過去から学んだ「自制の文化」という外交政策上の教訓、とりわけ武力行使の拒否、西側との統合と欧州統合、イスラエルの安全保障に対する責任である。しかし、ナチスの過去の制約を打ち破ろうとする者もいた。例えば、１９８１年、レオパルドⅡ主力戦車をサウジアラビアに売却する計画に対する反応に怒り、シュミット首相は、外交政策がこれ以上、アウシュビッツの「人質にとられる」ことがあってはならないと私的に言明したという。しかしながら、シュミットは最終的にその取引を断念せざるを得なかった[50]。

ナチスの過去というソフトな制約から抜け出そうとする試みに対する反応として、学生運動の闘士だったヨシュカ・フィッシャーなどの左派の政治家は、それまで以上にホロコーストを外交政策の中心に置くよう迫り始めた。

ヴァイツゼッカー大統領の1985年5月の演説と同じ頃、フィッシャーはツァイト紙へ寄稿し、ヴァイツゼッカーが1945年を「解放」として叙述したことに共感を示し、国民がナチスの過去を「意識的に記憶する」ことを通じて「民主的アンデンティティ」を育むよう促したのである。「アウシュビッツに対する責任だけが西ドイツの存在意義」であり、「その他のことはすべてその後のことである」[51]と指摘したのである。このように、ボン共和国の末期には、ドイツの外交政策における中道左派の理想主義の潮流が芽生えていた。しかし、その潮流が実際に影響を与えるようになるのは、再統一によって形成されたいわゆるベルリン共和国においてであった。

第3章 継続と変化

Continuity and Change

ドイツ再統一前の英仏両国

1990年のドイツ再統一は、ドイツ問題を再び浮かび上がらせることになった。40年間にわたってドイツは分断され、冷戦の最前線が両ドイツ間を走っていたからである。米国とソ連という外部の超大国に圧倒された欧州大陸において、両ドイツはともに攻撃を受けやすい場所にあった。

これまで見てきたように、ドイツ連邦共和国（西ドイツ）は米国に安全保障を依存する半主権国家だった。従って、安全保障の観点からだけを見ても、ドイツ連邦共和国は西側の一員となることが必要だった。ところが、ベルリンの壁の崩壊や欧州の変容は、ドイツの外交政策の変数を変化させることとなった。実際のところ、1945年のヤルタ会談に会した三大国（米・英・ソ）によってかたち作られた欧州が終焉《しゅうえん》したことにより、かつて1871年のドイツ統一時がそうであったように、地政学的な現実が劇的に変化したのである。

旧ドイツ民主共和国（東ドイツ）の編入により、ドイツ連邦共和国の人口は約1700万人増加し、突然、フランスや英国より非常に大きい国家となった。この規模は、1966年から1969年まで連邦首相を務めたクルトゲオルク・キージンガーがドイツの「危険な規模」[1]と呼んだものへの回帰であった。さらに、広範囲にわたる欧州の変容によって、ドイツは突然、その位置を「境界部」から「中心的位置」へと変えたのである。スタンレー・ホフマンは1992年に発表した先見的な分析において、ディズレーリ元英国首相による1871年の「ドイツ革命」に関する叙述を彷彿させるかのように、「当面は旧ドイツ民主共和国の再建にエネルギーや資源を吸収されることになっても、統一ドイツという存在は、西欧の三大国（ないしは四大国）間に存在してきた「不均衡の均衡」を破ってしまった。欧州大陸の再統一により、フランスではなくドイツが中央に置かれたのである」[2]と記したのである。

歴史家のハンスペーター・シュヴァルツがいう、欧州の「中心的パワー」としてのドイツという概念は、古くからある懸念を惹起《じゃっき》した[3]。背景には、1871年後に欧州で起きたことへの不安があった。国際関係のリアリストの理論家は、冷戦の終結によって二極の世界は多極化へ移行する結果、世界は不安定化し、おそらく欧州の「長い平和」[4]も終わることになるだろう、と論じた。それに対し、リベラリズムの理論家は、1990年の環境が1871年とはかなり異なっていることを指摘した。ドイツが中央的位置に回帰したとしても、現在では「多国間主義の中心的位置」[5]であると。

ドイツは、EUをはじめとするさまざまな機構のネットワークに組み込まれ、なかでもEUは、国家の行動を穏健なものにし、安定をもたらしてきたのである。ところが、冷戦期に比較的小さかったドイツを封じ込める目的で作られたこうした諸機関が、現在では、ドイツに圧倒されてはいないだろうか。

ドイツ再統一が実現する前から、統一の可能性自体が欧州で不安を醸成していた。サッチャー英首相は、東ドイツの民主的革命を歓迎しながらも、1989年11月のベルリンの壁崩壊からわずか数週間でドイツ統一の可能性が現実味を帯びてくると、警戒感を抱いたのである。サッチャーは、ドイツの「国民的性格」、並びにその規模と欧州における中央という位置から、ドイツは本来的に「欧州において、安定要因というよりは不安定要因」[6]あると考えていた。また、ある意味もっともなことであるが、急速に再統一が実現すれば、ソ連におけるミハイル・ゴルバチョフ共産党書記長の地位を脅かしかねないことを懸念していた。しかし、ジョージ・H・W・ブッシュ米大統領はドイツ再統一を支持し、ゴルバチョフ書記長もそれを止められず、サッチャー首相はその後の数箇月の間に、徐々に孤立していったのである。

サッチャー首相はハンドバッグに1937年のドイツ国境を示す地図を入れて持ち歩き、会議の際に、しばしばそれを取り出しては「ドイツ問題」と呼ぶ事情を説明するのに使っていた。サッチャーは当初、ミッテラン・フランス大統領とならば共闘して、ドイツ統一を阻止する、あるいは少なくとも統一への速度を遅くすることができるかもしれないと考えていた。

サッチャーの私設秘書であるチャールズ・パウエルの記録によれば、エリゼ宮における1990年1月20日の会談で、ミッテランは現在の状況に関する「サッチャーの分析に理解」を示し、ドイツが戦争で失った領土を取り戻そうとする可能性があり、「ヒトラー以上に領土を獲得する可能性」があることに懸念を示したという[7]。ところが、ベルリンの壁崩壊に続く数箇月の間に、ミッテランは欧州統合の一層の進展が「ドイツ問題」の解決策になるかもしれないと思うようになったのである。

ミッテランの思考は、フランスの戦後の指導者らの思想を受け継ぐものであり、ドイツを欧州統合によって抑え込もうとするという考え方だった。EUの設立目的の一部はドイツの国力を制約するためであり、実際には、これが当初は「欧州統合の背景にある、唯一の最重要の推進力」[8]だった。とりわけ、ドイツの石炭と鉄鋼生産を共同管理することによって、シューマンはフランスとドイツの間の戦争を「実質的に不可能」にすることに成功したのである。

しかし、再統一後、フランスは相矛盾《あい》する二つの恐れを持つことになった。ドイツが欧州における使命感を投げ捨て、ビスマルク的外交政策に立ち返って「単一行動をとる」かもしれないという恐れである。他方で、ドイツを抑制するために作られた諸機構には、再統一されたドイツが大きすぎるのではないか[9]という恐れである。

ミッテランは、欧州統合の深化が統一ドイツにうまく対処していく最善策であるとの結論に至った。とりわけ、他の欧州諸国がドイツ、特にドイツ連邦銀行に対して失った主権を取り戻すには、欧州単一通貨の導入が唯一の道であると考えたのである。実際、ベルリンの壁の崩壊の前から、ミッテランは通貨同盟の思想を抱いていた。ミッテランは1989年9月、サッチャーに対し「共通通貨がなければ、我々は皆、あなたも私も、すでにドイツの意思に従っていることになる」[10]と語った。それとは対照的にサッチャーは、欧州統合の進展は、ドイツの国力の問題を解決するどころか、問題を悪化させることになると考えていた。サッチャーはのちに回顧録で「ドイツは連邦化された欧州において支配的地位を占める可能性が高い」[11]と記している。このように、ドイツ再統一にどのように対応するかに関する議論は、経済通貨同盟（ＥＭＵ）の理念に集約されていったのである。

ＥＭＵという概念は１９７０年代から議論されてきたが、全く実現しなかった。とりわけ、ピエール・ヴェルナー率いる委員会が１９７０年に、為替レートを固定し、通貨政策を調整することにより、十年以内にＥＭＵを創設するための三段階計画を勧告していた[12]。しかし、当時の欧州経済共同体（ＥＥＣ）の加盟国、とりわけフランスは、自国の通貨を非国有化し、経済政策の重要なツールである、通貨価値の管理を放棄するという考え方に躊躇していた。加えて、単一通貨の設計方法に関して、とりわけ欧州中央銀行が果たすべき役割について異なった考え方があった。政治的に管理されているためにインフレに傾きがちな中央銀行というフランス型のモデルに、西ドイツはひどく懐疑的で、政治から独立した、インフレを忌避するドイツ連邦銀行型のモデルに固執していたのである。

欧州委員会のジャック・ドロール委員長は１９８９年４月発行の報告書の中で、欧州単一通貨への道筋を描いた新たな試みに取り組み、その実行のための政府間会議の開催を提唱したが、時期については触れなかった。そして、その６カ月後のベルリンの壁崩壊は、状況の緊急性を劇的に高めることとなった。

ミッテラン大統領は直ちにコール首相に電話し、ＥＭＵに関わる本格交渉を１９９０年末までに始めることで合意した。ミッテランはドイツのゲンシャー外相との会談で、さもなければ「１９１３年の世界に舞い戻ってしまう」と述べ、古典的なドイツ問題への回帰への懸念を示した[13]。ドイツの過去にこのような形で直面させられたため、コール首相は交渉を受け入れたのである。１９８９年12月に開催されたストラスブール首脳会議において、コール首相は１９９０年末までに、ＥＭＵに関する政府間会議を開催することで合意した。デビッド・マーシュによれば、これは単一通貨ユーロを実現した交渉において「必要不可欠な取引」[14]になったのである。

再統一による「正常化」議論

欧州におけるこれらの劇的な変化、そしてドイツ問題の長い歴史を考慮した場合、大きな疑問は、ドイツ連邦共和国の政治文化がどれほど強靭《きょうじん》であるか、ということであった。西ドイツは建国40年の歴史の中で、その過去とはきっぱりと訣別《けつべつ》したように思われた。冷戦という文脈の中で、西ドイツは西側の一員となり、リベラルで民主的な政治文化を発展させてきた。言い換えれば、1871年と1990年では国際環境が異なっているだけでなく、ドイツ自身も異なっていたのである。コールは、西ドイツが再統一後「異なる共和国」になるかのように言うのは「全くナンセンスだ」と述べた。しかし、より懐疑的な見方も多く、アドルノが「ドイツの伝統である、反文明的で、反西側という底流」[15]と呼んだものの要因が再び出現することを恐れる人もいた。

特に、ナチスの過去に対するドイツ連邦共和国の姿勢が再統一後に変化するのではないかと懸念する声は多かった。先にみてきたように、ベルリンの壁崩壊の後、再統一したドイツの「正常」（ノーマル）に関する議論が始まった。1980年代半ばの歴史家論争の時のように、「終止符」という考え方と結びつけられた「正常」という概念は、右派によって利用される傾向があり、左派はこれを拒否していたのである。統一がドイツ人のより強力な国民アイデンティティの感覚を必然的にもたらすだろうということを受け入れた左派も、「正常」という概念は拒否した。例えば、歴史家のクリスティアン・マイアーは、統一が西ドイツの「ポスト・ナショナルの独自の道」の終わりを意味するため、ボン共和国は「非正常な状態」だったと位置付けた。しかし、現行の「歴史意識の重荷」は「正常」になる可能性を排除し、「我々は正常な国ではない」と結論付けたのである[16]。

歴史家論争の際に、「正常」という概念に対する最も影響力の大きい批判的論者の一人に、アドルノの弟子であったハーバーマスがいた。ハーバーマスは、ドルフ・シュテルンベルガーの「憲法愛国主義」という概念に基づく「ポスト・ナショナル」の国民アイデンティティを長らく主張してきた。ハーバーマスはホロコーストの記憶が決定的に重要であると考えていた。なぜなら、ドイツ連邦共和国における民主的な政治文化が発展してきたとはいえ、アウシュビッツという道徳的な大惨事という衝撃があって初めて、ドイツで民主主義が根付き始めたということを記憶にとどめておくことが必要だというのである[17]。ハーバーマスは、「正常」という概念を使うことは、暗黙のうちにその発展を損なうことになるという。旧ドイツ連邦共和国（旧西ドイツ）では、「正常化の弁証法」とでも呼ぶべきものが理解されていた。「正常」という感覚を避けることによってのみ、「正常」になることができると主張したのである[18]。

ハーバーマスは、1989年のドイツ民主共和国における民主革命が「遅ればせの革命」であると考えていた。言い換えれば、西側諸国がはるか以前に獲得したものを達成しているに過ぎないと考えたのである[19]。統一の可能性が出てくると、ハーバーマスは西ドイツの基本法第146条に基づいて国民投票を実施することを主張し、そうであれば、統一ドイツの新憲法が制定される可能性があったであろう。ところが、現実にはそうではなく、ドイツ民主共和国は6州に再編された上で、基本法第23条に基づいてドイツ連邦共和国に編入される形になった。ハーバーマスは、このように1990年に「共和国の再建国」がなされなかったことの結果の一つが、「政治的な自己理解という本質的問題、とりわけ当時生まれようとしていたベルリン共和国の「正常」をどのように理解すべきかという問題を未解決のまま残すことになった」[20]と論じたのである。

ハーバーマスは、その結果として、右派の一部が歴史家論争において行った「正常化」の議論を再開する好機として、この「規範の欠如」を利用したと主張した。ハーバーマスは1991年、「右派の一部は、過去数十年に起きてきた思考方法における変化を覆し、統一し拡大したドイツを「正常化」への路線に乗せる好機を見出している。その「正常化」は、ドイツ人が犯した集団的犯罪のトラウマから我々を解放し、ドイツ民族の潔白を取り戻すことであろう」[21]と記している。「正常化」を叫ぶ右派は歴史修正主義者であり、ドイツ民族が、1945年から1989年までの期間を、「敗戦国であり分断国家であるという、強制された異常状態」[22]を体現した異質なものだったとして理解させようとしているというのである。すなわち、右派は、ボン共和国がある種の独自の道だとみているのである[23]。

「終止符」という概念は、ボン共和国時代の外交政策に比べ、より自信に満ち、ナチスの過去にもより制約されないという意味において「正常」である外交政策を示唆するものと考えられていた。象徴的なレベルにおいては、ブラントやヴァイツゼッカーが示したような悔悟の表現を減らしていくことを意味する可能性があった。

しかし、左派はまた、「正常」がより具体的な政策的意味において、この他に二つのことを意味しているのではないかということを懸念した。第一に、アデナウアー政権下の1950年代に始まった、ドイツ連邦共和国のNATO加盟と欧州統合という西側との結束が緩むことである。そして第二に、ドイツのナショナリズムと同時に進行するドイツの軍国主義の再興である。このため、「正常」という概念に反対する左派は、ドイツの外交政策における継続性を訴え続けたのである。

この外交政策の二つの懸念のうち、一番目の西側との結束が緩むことに関しては、コール政権下では現実化することはなかった。ドイツは揺るぎない西側の一員として残った。コール首相はフランスのミッテラン大統領とともに欧州統合を推進し、再統一後も欧州統合史上おそらくかつてないほど重大な一歩であるユーロの創設に合意した。時折指摘されることは、ユーロ導入は再統一の代償だったということである。現実には、それほど単純な話ではなかった。しかしながら、単一通貨は再統一の文脈の中で創設され、再統一がなければ恐らく創設されなかっただろうし、少なくともこれほど早くに実現しなかったであろう。とりわけ、フランスとドイツの統一通貨に関する考え方の相違を克服することは恐らく難しかったであろう。

欧州単一通貨とドイツ再統一

ドイツ連邦銀行の考え方では、単一通貨は、経済的な調整と収斂《しゅうれん》の長いプロセスの中で、結果的に政治統合が実現していく最終段階に位置づけられるべきだというものであった。いわゆる戴冠式理論と言われるものである。他方、フランスは欧州における主権を持ち続けたいと考えていた。もしドイツが再統一に関してフランスの支持を必要としていなかったならば、ドイツ人が敬意を持つ連邦銀行の懸念を無視し、コール首相とミッテラン大統領が１９８９年12月のストラスブール首脳会議において合意した経済通貨同盟（ＥＭＵ）、とりわけ政府間会議に向けて迅速に動くことはなかったであろう。デビッド・マーシュは「もし統一が実現していなければ、フランスはコール首相に対し、ユーロがドイツ・マルクに取って代わるというＥＭＵのスケジュールに同意するよう説得できた可能性は非常に低かったであろう」[24]と記している。

望ましいと考える時期よりも早く、また政治統合が創設されるより以前に統一通貨の導入に同意せざるを得なかったが、その他の点ではドイツは自国の考えるように筋道をつけることに成功した。テオ・ヴァイゲル財務相は１９９１年にドイツ国民に対し「我々はドイツ・マルクを欧州に持ち込む」[25]と語っていたが、まさにそのようになったのである。新設される欧州中央銀行（ＥＣＢ）はドイツ連邦銀行をモデルとして、政治的統制からは独立し、何よりも物価安定の維持を付託されることになり、それを象徴するように、フランクフルトに設置されることになったのである。ヴァイゲル財務相は「我々の物価安定政策は、将来の欧州通貨秩序の中心的な主題になった」[26]と語った。ドイツはまた、政府予算の赤字幅を国内総生産（ＧＤＰ）の３％以内、政府債務総額を対ＧＤＰ比で60％以内とするよう求め「収斂基準」の導入を主張した。ドイツはまた、他の加盟国の拠出金や債務支払いについて、加盟国が法的責任を課されず、引き受けないとする「非救済条項」の導入も主張したのである。

このようにして、１９９１年末の政府間会議で生まれた欧州単一通貨は、フランスとドイツの考え方の妥協の産物であった。スタンレー・ホフマンが書いたように、「中央銀行と単一通貨を備えた、完全で純粋な通貨同盟に固執するフランスと、予め調整された経済政策と、独立した中央銀行、いくつかの制度改革を主張するドイツの妥協の産物だった」[27]のである。フランスとドイツの妥協の結果は１９９２年、マーストリヒト条約に条文化され、これにより、ＥＭＵの基礎が築かれ、１９９９年にドイツ・マルクがユーロに取って代わられることになった。

ドイツが再統一に向けて慌ただしく動いていた１９９０年3月、ハーバーマスは「ＤＭナショナリズム」[28]に関する有名な論考を発表した。ハーバーマスは、「ふっくらした顔をした」新しい形の経済ナショナリズムが、西ドイツ（ドイツ連邦共和国）で１９４９年以降に徐々に育まれてきた、「憲法愛国主義」の概念に基礎を置く、壊れやすい脱国民的（ポスト・ナショナル）な国民アイデンティ

「統一の父」（Väter der Einheit／Fathers of Unity）として顕彰される３人の首脳の胸像。中央がヘルムート・コール（西）独首相、向かって左がジョージ・ブッシュ（父）米大統領、向かって右がミハイル・ゴルバチョフソ連共産党書記長。ベルリン市内アクセル・シュプリンガー社前、作者はSerge Mangin（仏）。〔訳者撮影〕

ティを奪って、それにとって代わることに懸念を示した。ハーバーマスは、西ドイツの国民アイデンティティが戦後基礎としてきたその他の要素、例えば反共産主義といったものが1960年代末以降弱まってきたと指摘していた。それによって、ドイツ・マルクに象徴される、「経済の奇跡」以降の西ドイツの経済的な成功だけが国民的誇りの源《みなもと》として広く認識されることになった。

　ところが、この経済的ナショナリズムが出現したころ、ドイツはドイツ・マルクを捨てて、それと同程度に強いと約束されたユーロを導入することに合意した。このため、再統一は欧州統合の進捗を遅らせるどころか加速したのである。特に欧州以外の地域では、単一通貨に懐疑的な見方もあった。マリー・エリーズ・サロットが「狂気的なあわただしさ」と呼んだ状況の中で通貨同盟の条件に合意する一方、経済的な理解に乏しいコールやミッテランをはじめとする欧州各国の首脳らは、危機に対応する力もなければ、真の政治的調整をする力もない単一通貨を創出した[29]。経済学者のマーティン・フェルドシュタインは、単一通貨は欧州内部や欧州と米国の間で紛争を引き起こすだろうとすら論じた[30]。しかし、その時点では、ドイツと欧州の間には共生関係があるというコール首相の言説の正しさを証明したかのように思われたのである。

ドイツの同盟責任履行能力――NATO域外派兵

1990年代のドイツの欧州政策が継続性に特徴づけられるとしても、外交政策の他の観点では変容していた。とりわけ、ドイツはNATO同盟国、とりわけ米国から、国際社会の問題解決により大きな責任を引き受けるよう、次第に圧力を受けるようになっていた。民族・地域紛争、何よりバルカン半島で1990年代に民族・地域紛争の状況が悪化すると、ドイツは武力行使に対する姿勢を見直すよう圧力を受けた。その結果、1990年代中盤には、「正常化」をめぐる議論は、左派の外交政策上に関する二番目の懸念に焦点が当たるようになっていった。ハーバーマスがドイツの外交政策の「ひそかな軍事化」と呼んでいたものである[31]。

冷戦という文脈において、西ドイツは「責任」を問われるような難題は回避することができた。基本法第26条は、ドイツが侵略戦争を戦うことを禁じていた。そして、1955年のNATO加盟後に加えられた第87a条は、ドイツ連邦軍を防衛目的にのみ限定していた。それは、ドイツや他のNATO同盟国が直接攻撃を受けた場合にのみ、ドイツが武力を行使できるということを意味していた。冷戦期には、西ドイツはこうした立場に比較的満足しており、他の同盟国も同様だった。しかし、再統一に伴って、ドイツに対する期待は変化し始めた。欧州の一部の国が新しく再統一したドイツの国力を懸念する一方で、それ以外の国々、とりわけ米国は、ドイツが欧州以外の地域においても、より積極的な役割を果たすよう期待する声が上がり、ブッシュ米大統領は「リーダーシップのパートナー」になるよう期待したのである。

このため、武力行使への抵抗感と多国間主義への関与、とりわけ大西洋主義との間で緊張が生まれることになった。この緊張は、ドイツで1990年代の外交政策論争を規定するものとなり、最初に表面化したのは、ドイツ国内世論の圧倒的多数が反対した1991年の湾岸戦争であった。ドイツが「域外」活動への派兵はできないと規定していると解釈していた第87a条を根拠として、コール首相は軍事的関与を求める米国の圧力を避けることができた。この時、ドイツは経費を負担し、他の国々が戦闘行動を行うという、冷戦期の立場に立ち戻っていた。ところが、米国は次の機会には小切手だけでは十分ではないということを明確に示した。湾岸戦争終結後の数年間に、民族・地域紛争の解決により積極的な役割を果たすようドイツに求める圧力を徐々に強めていったのである。

ドイツはこの10年間に、より介入的な外交政策に向けて遅々とした歩みを進めた。最初は、国連の非武装の人道的活動である1992年のカンボジアと1993年のソマリアへの連邦軍派遣であった。しかしながら、ドイツがより介入主義的なアプローチへ転換したのは、何よりバルカン半島においてであった。ユーゴスラビアが1991年以降、徐々に分裂し始め、とりわけボスニア・ヘルツェゴビナでセルビア人、クロアチア人、イスラム教徒住民間の民族紛争が再燃したのである。ドイツが1991年、単独でクロアチアの独立を承認したことが紛争を助長したとの指摘が一部にあった。そして、スロボダン・ミロシェヴィッチ大統領が1992年、民族的に（セルビア人だけに）純化され、た、地理的にも連続して大規模の大セルビアの建国を試みたため、国連はこの地域に平和維持活動（PKO）の派遣を決めたのである。

このような状況を背景に、「正常化」の概念は右派によって、次第にNATO加盟国としての義務を履行する能力を象徴する用語である「同盟責任履行能力」と結びつけて論じられるようになった。

「正常化」の概念をこの文脈で初めて使用した一人に、キリスト教民主同盟（CDU）議員団の外交政策スポークスパーソンのカール・ラマーズがいた。同氏は1990年8月、ドイツは「軍事力が現在の国際社会でも役割を果たしていることを受け入れ、国際社会の普通の一員となるべきである」[32]と論じた。同様に、湾岸戦争後の1991年、CDU議員団副団長のカールハインツ・ホーンヒューズは、ドイツ軍が平和維持活動に参加できることに道を開く基本法改正を提案した。同氏はそうすることにより、ドイツが「同盟の普通の加盟国」となり、「同盟の一員として、その責任を完全に果たす能力を得ることができるようになる」[33]と述べたのである。

コール首相のアプローチは本質的に、ドイツが国際社会の舞台でより大きな役割を果たすようにしつつ、伝統的な外交政策である「自制の文化」の枠組みにとどまるというものであった。すなわち、第一にいかなる連邦軍派遣も多国間主義の枠組みで行われるべきであり、何よりも国連の承認が必要であるということだった。第二に、ドイツは派兵に際し、最大限の慎重さを持って実施し、とりわけドイツの歴史に由来する機微を考慮に入れるべきであると考えた。このアプローチは全体として、いわゆるコール・ドクトリンと呼ばれ、連邦軍の「域外派兵」の指針となり、第二次世界大戦中にドイツ国防軍が占領した地域への派兵は行わないこととし、旧ユーゴスラビアはまさにそうした地域に該当したのである。

バルカン半島の状況が悪化して、ドイツに対するPKOへの貢献圧力が強まり、1992年半ばにユーゴスラビアに対する国連制裁が科されると、コール政権はコール・ドクトリンを超えた活動を強いられるようになった。当初は、ドイツ連邦軍兵士は早期警戒管制機（AWACS）に乗り組んで監視活動、後にボスニア・ヘルツェゴビナにおける飛行禁止空域の監視・執行活動に従事した。ところが、ＮＡＴＯは１９９４年になると、ドイツにトルネード戦闘機の使用と、ボスニアの国連保護軍（ＵＮＰＲＯＦＯＲ）の退避時における非戦闘行為の支援を要請した。そして、ドイツ連邦憲法裁判所は同年、連邦議会の承認を前提として、国連が承認した「域外」活動に連邦軍が参加することができるとする判決を下し、基本法上の立場を明確に示したのである。

外交政策におけるこうした漸進的な変化は、しばしば「修正された継続性」と説明され、関連の出来事や同盟国からの圧力によって促されてきた[34]。ドイツ人政治家は一般的に、状況を作り出すというよりは、起きた事象を追いかけ、しばしば言葉を濁し、可能な場合には責任を司法に転嫁してきた。しかしながら、ドイツの政治家が状況に影響力を与えることができる限りにおいては、変化を促したのは右派であった。ＣＤＵ選出のリューエ国防相は他の誰より、国際紛争の解決を支援するために連邦軍を利用し、その役割を果たすために連邦軍の変革を促した。そのためにリューエ国防相は、ホロコーストに言及することも厭《いと》わなかった。ナチスの強制収容所の犠牲者が連合軍によって解放されたように、ボスニアの強制収容所にいる被害者を解放するために、外国の介入が必要とされていると論じたのである。

他方、外交政策の「軍事化」を懸念し、左派は変化に反対した。社会民主党（ＳＰＤ）の指導的立場にいた政治家の多くは、ドイツのＮＡＴＯ加盟については受け入れていたが、「ＮＡＴＯ域外」における作戦行動、連邦軍が「紛争介入の部隊」になることについては依然として抵抗していた。例えば、連邦議会で１９９５年６月に交わされたトルネード戦闘機使用に関する議論では、賛成３８６、反対２５８で法案は通過したが、ＳＰＤ党首（当時）で、後に国防相を務めたルドルフ・シャルピングは、ドイツの歴史を考慮すれば、トルネード戦闘機をバルカン半島に派遣することは適切ではないと主張した。一方、１９８０年代初頭の平和運動から生まれた緑の党は依然として、外交政策に対する「一貫した平和主義的」アプローチの一部として、ＮＡＴＯの解体と連邦軍の廃止を支持していたのである[35]。

軍事力の利用拡大への動きに反対する中で、左派の一部は「シビリアン・パワー」という概念を使ったものの、その過程でその概念をゆがめてしまった[36]。マウルは国際関係を文明化していくというプロジェクトにおいては、時に軍事力の使用を必要とし、このためシビリアン・パワーは軍事介入に貢献できる能力と意志を持つべきであると論じていた。ところが、連邦軍の役割拡大に反対する左派の一部は、「ＮＡＴＯ域外」における作戦行動への参加は、シビリアン・パワーの概念を犯すものであると主張し、軍事力の問題に関するこの概念の示唆を誤解していた。マウルがシビリアン・パワー概念の「平和主義的な再定義」と呼ぶものについて、左派の一部はシビリアン・パワー概念を「平和国家」、あるいは「平和勢力」としてのドイツを主張するために利用したのである。

ところが、１９９０年代半ばには、左派の一部は軍事力の利用に関する姿勢を再考し、人道主義的介入の概念を受け入れるようになり始めた。とりわけ、緑の党の「現実主義」派は、ドイツ史、特にホロコーストから、他の左派とは異なる教訓を引き出した。また、「原理主義者」と呼ばれるグループに反対の立場から１９８０年初頭に形成され、緑の党内で徐々に影響力を増していったグループも西側、特に米国のパワーに対して異なる立場を示した。「現実主義」派グループの知的リーダーであるベンディットは１９９３年、自身が「Ｄデイの申し子」であり、占領されていたフランスに米国主導の連合軍が侵攻していなければ、自分は存在しなかったと述べた。リュー工国防相の議論に同調しながら、ベンディットは、ボスニアへの介入に反対することによって、緑の党は「ユダヤ人殲滅《せんめつ》につながった宥和《ゆうわ》政策の伝統」[37]に連なる危険を冒すことになると述べた。

二度と戦争をしないのか、二度とアウシュビッツを起こさないのか

この概念の再検討に当たり、ベンディットと並んで重要な人物は、緑の党のヨシュカ・フィッシャーであった。フィッシャーは、それまでコール政権の外交政策に対する最も厳しい批判者の一人だった。精肉職人の息子であったフィッシャーは、学校を中退し、1968年の西ドイツの学生運動に参加した。フィッシャーは1970年代、革命的社会主義者で、フランクフルトの街頭で警察隊と衝突し、そこでベンディットと出会い、親しくなった。西ドイツの新左翼が1970年代にテロ活動に関与して以降、とりわけ反ユダヤ的色彩を帯びた1976年のエンテベ空港ハイジャック事件の後、これに自身が知っている西ドイツ人2名がそれに関与していたこともあり、フィッシャーは政治活動から身を引いた。その後、それほど環境問題に強い関心があったわけではなかったが、緑の党に政治に再び関与する可能性を感じ、1983年に緑の党選出の連邦議会議員となった。

フィッシャーが1985年に「アウシュビッツに対するドイツ人の責任だけが、西ドイツの存在理由の本質たり得る」と書いた時、フィッシャーは何よりも外交政策の「再軍事化」を阻止しようとしていた。1993年に至っても、ベンディットのボスニアへの軍事介入への支持表明は、フィッシャーにとっては「時代遅れ」[38]の考えだった。しかし、1995年にボスニアのイスラム教徒7000人がスレブレニツァでセルビア人に虐殺されるという、第二次大戦後の欧州で最悪の虐殺事件が起きて以降、フィッシャーは考えを改めた[39]。スレブレニツァで起きた出来事が報道されてからの数日間は、自身を鏡で見ることが難しかったとフィッシャーは後に語っている。「私は自分がかつ

て両親に尋ねたのと同じ質問を自身に問うた」[40]という。そして、6000語の公開書簡をしたため、その中で、緑の党党員に対しバルカン半島における「新しいファシズム」に「抵抗する」よう求め、軍事介入を支持するよう要請したのである。この書簡はその後半年にわたって、激しい議論を呼ぶこととなった。

緑の党内におけるボスニアへの軍事介入に関する議論の中から、外交政策における新しい中道左派の理想主義的な思想潮流が生まれた。フィッシャーはコールと同様に、ドイツの西側との結束を支持し、熱烈な欧州統合支持派であったため、ヴィンクラーは「アデナウアー死後の左派」[41]と位置付けた。しかし、ハーバーマスの思想に影響されていたため、フィッシャーは、ドイツはホロコーストを記憶し、その教訓に学ぶ特別な責任があると論じた。フィッシャーは武力行使に対する立場を変えたが、ドイツの「ホロコースト・アイデンティティ」に基づく、ある種の例外主義、あるいは「ネガティブ・ナショナリズム」を支持し[42]、「正常化」の概念は拒否する立場は変えなかった。この中道左派の理想主義的思想潮流がドイツの外交政策への影響力として最も強まったのは、フィッシャーが社会民主党と緑の党による連立政権で外相に就任した時であった。

コール首相は16年の在任後、選挙戦でSPDのゲアハルト・シュレーダーに敗れた。シュレーダーは1998年秋、SPDと緑の党による初の連立政権を率いる首相に就任した。その頃、ドイツでは、もう一つの「終止符」に関する議論の最中にあった。1990年末にかけて、統一ドイツの新しい首都であるベルリンの中心に、ホロコースト記念碑を建設する計画が浮上し、それに関する議論が交わされている中で、ドイツの公的生活におけるナチスの過去が果たす役割に対し異議を唱える声が一部に出始めたのである。とりわけ作家のマルティン・ヴァルザーは1998年10月、フランクフルトのパウルス教会で行ったスピーチで、この記念碑を「サッカー場規模の悪夢」と呼び、政治目的のために「アウシュビッツを道具として使う」ことを拒否すると述べたのである[43]。

ヴァルザーの考え方は、新首相のシュレーダーの見方に似ていた。シュレーダー首相はコール前首相やフィッシャーとは異なり、ホロコーストが政策の基礎になるものではなく、私的な問題であるというヴァルザーの議論を黙認しているように思われた。シュレーダーはフィッシャーと同じいわゆる68年世代であり、１９８０年代の西ドイツへの米ミサイル配備反対運動の旗手として知られた。しかしながら、シュレーダーのドイツ史に対する立場は、フィッシャーとは全く異なっていた。シュレーダーは首相としての初めての演説で、とりわけ国益をEU内で追求する「成熟した国家としての自信」を語った[44]。その結果、シュレーダーは、メディアにはしばしば「抑制されない国家」という考え方を持ち、「正常な」外交政策を追求すると見なされた[45]。フィッシャーが外交政策の継続性を強調したのに対し、シュレーダーは変化を約束したように思われたのである[46]。

ＳＰＤと緑の党による連立政権が初めて外交政策上の危機に直面したのは、こうした背景事情にあった。１９９８年秋までには、セルビアの自治州であるコソボがバルカン半島の新しい発火点として浮上した。人口の90％を占めるアルバニア系住民が、セルビア人兵士や準軍事組織から逃れるために故郷の町や村から脱出し始め、人道危機が発生したのである。コール首相が選挙で敗北した９月27日までに、30万人のアルバニア系住民がコソボから追われ、ＮＡＴＯによるユーゴスラビアへの攻撃準備が整いつつあった。首相と外相として正式就任する前であったが、シュレーダーとフィッシャーは仕方なくクリントン米政権からの圧力を受け入れ、ＮＡＴＯ加盟国が結束していることをミロシェビッチ・ユーゴスラビア大統領に示すため、連邦軍を戦闘に参加させることに原則合意した。

ミロシェビッチに対する軍事介入の観測は、ドイツだけでなく、西側全体の左派陣営を分裂させた。ミヒャエル・ヴァルツァーが言うように「人類の道徳的良心を驚愕させる」[47]犯罪が行われているのであれば、必要なら一方的な軍事介入に踏み切ることに正当性はあるとする議論を受け入れる者もいた。雄弁かつ声高に、この人道的介入を支持したヨーロッパの左派陣営のかなりの数は、１９６８年の学生運動のかつての闘士で占められた。ダニエル・コーン・ベンディットやベルナール・クシュネルらがそうで、クシュネルは「国境なき医師団」の創設者となり、その後、コソボ紛争終結後は国連コソボ暫定統治機構の事務総長特別代表として同地域の統治に当たり、その後、フランス外相に就任した。このため、ポール・バーマンはコソボ紛争を「68年闘士の戦争」と呼んだのである[48]。

ドイツにとってNATOの軍事介入に関与することはとりわけ困難だった。第一に、ドイツは海外における武力行使という考え方を徐々に受け入れてきたとはいえ、これまでは戦闘行動というより平和維持活動目的であった。第二に、１９９４年の連邦憲法裁判所の判決は連邦軍がNATO域外における作戦行動に参加することを合憲としたが、国連決議による承認があるものに限定していた。ところが、ロシアの反対により、これが国連安全保障理事会の承認を得た軍事行動になる可能性は低かった。国連安保理決議の欠如は、法的には侵略戦争になるとの議論もあった。しかし、より幅広い視点に立てば、軍事行動への参加を拒めば、NATO内部に大きな亀裂を生み、戦後ドイツの外交政策の最も重要な根本原則の一つを破ることを意味する。

SPDと緑の党による連立政権の閣僚の中で、NATOによる軍事介入とドイツの参加を誰よりも後押ししたのは、フィッシャーであった。コソボ紛争に対するフィッシャーの反応は再びナチスの過去に由来し、スレブレニツァの大量虐殺に関する同氏の立場を踏まえれば論理的な帰結であった。

フィッシャーはむろん、国連安全保障理事会決議がある軍事介入の方がよかったが、大量虐殺を阻止するためならば、ドイツは国連安保理決議のない作戦行動にも参加すべきであることは、フィッシャーにとって明白だったのである。フィッシャーは1999年1月のインタビューで「人々が大量に虐殺されている時に、国連決議がないことに不平を言っている場合ではない」[49]と語った。コソボ紛争の最中にも、緑の党内部で戦争と平和に関する複雑な議論が続いていたため、フィッシャーは「私が学んだのは、『二度と戦争をしない』ということだけではない。『二度とアウシュビッツを起こさない』」ということも学んだ」[50]と言明したのである。

ナチスの過去と比較したのは、フィッシャーだけではなかった。実際、ドイツの軍事介入参加の是非を問う議論の多くが、ナチスの過去から学ぶべき正しい教訓は何かという問いに関連していた。「二度と戦争をしない」のか、「二度とアウシュビッツを起こさない」というのか、が問題だった。フランクフルター・アルゲマイネ紙の文芸欄編集者であるフランク・シルマッハーは後に「他の国とは異なり、ドイツではほぼアウシュビッツのみに基づいて、この戦争を正当化している」[51]と書いている。フィッシャーのようにアウシュビッツに言及して軍事介入への支持を正当化する人がいる一方で、ナチスの過去から得た教訓の別の読み方に基づいて、軍事介入反対を正当化する者もいた。このため、コソボ紛争に関する公的な議論は非常に道徳的色彩の濃いものとなり、外国における危機に関する議論が、ドイツのアイデンティティに関して、どこかナルシスト的な性格を帯びたものになっていたのである。

この議論でナチスの過去を引き合いに出さなかった一人がシュレーダー首相だった。首相は「それは間違っていると考えた。アウシュビッツは非常に独自性のある事案であり、それと比較することは、アウシュビッツの独自性に疑問を投げかけることになる」[52]と後に語った。シュレーダー首相はその代わりに、「正常化」という用語を用いてドイツの関与を正当化した。例えば、シュレーダー首相は、NATOによるユーゴスラビア空爆作戦「同盟の力」が始まる直前の1999年2月に開催されたミュンヘン安全保障会議において、ドイツは「独自の道」を追求するのではなく、「普通の同盟国」[53]として責任を引き受ける用意がある、と述べた。シュレーダーが「正常化」という言葉を使って議論したことは、キリスト教民主同盟が1990年代初頭以降そうしてきたように、左派の一部もこの言葉を外交政策に適用する用意があることを示した。そして、重要なことは、シュレーダー首相が右派と同じように、「正常化」を同盟責任履行能力の意味で用いたことであった。

とりわけ緑の党内部における苦渋の議論を経て、連邦議会はドイツ連邦軍の作戦参加を承認した。外交努力が不首尾に終わり、地上の戦況も悪化したため、対レーダー・ミサイルを搭載したドイツのトルネード戦闘機4機は1999年3月24日、セルビアの対空防衛施設を攻撃した。ドイツは1945年以降の戦後初めて、戦争を戦ったのである。同作戦全体の総出撃回数である3万7565回の出撃のうち、連邦軍によるものは436回だけで、全ミサイル攻撃数の1000分の1を発射しただけであったが、ドイツは確かに、困難な歩みを進めたのである[54]。しかし、フィッシャー外相とシュレーダー首相の間の政策合意は、ドイツのアイデンティティと外交政策に関わる両者の見方の違いを覆い隠していた。その相違は、世界におけるドイツの現在および未来の役割を決めるに当たり、ホロコーストがどのような意義を持つのかに根差していた。

ドイツ再統一から10年が経ち、ドイツの外交政策は継続と変化が入り混じったものとなった。統一の際に一部で懸念されたことは現実のものとはならず、とりわけ西側との結束は揺るがなかった。N

ＡＴＯの同盟国であり続け、この間にチェコ、ハンガリー、ポーランドへのＮＡＴＯ拡大が実現した。統一後、欧州統合の深化も進んだ。ユーロは予定通り１９９９年１月１日に導入され、フランスの戦略通りに進んでいるように思われた。ドイツは統一前より一層、欧州諸機関に組み込まれ、ドイツ人の思い入れがあるドイツ・マルクは廃止された。ベルリンの壁崩壊で再燃したドイツ問題は、解決されたように思われた。少なくとも喫緊の問題ではなくなったように思われたのである。

　ドイツの軍事力行使に関する姿勢には劇的な変化があった。ジャーナリストのテオ・ゾンマーは週刊紙『ツァイト』で、コソボ（紛争）がドイツを「別の共和国」[55]に変容させたと指摘した。ドイツは同盟国との関係、特にフランスと英国との軍事力行使に関する関係を密にし、その意味でより「普通」の国になったように思われた。事実、同盟国への責任を果たすために、ドイツはコソボ紛争における戦闘行動に連邦軍を参加させるという困難な歩みも進めた。このことは、歴史家のハインリヒ・アウグスト・ヴィンクラーが２０００年に「ドイツの欧州における正常化」[56]と呼んだことが確認されたように思われた。また、「アウシュビッツを二度と起こさない」という原則もドイツの外交政策の基本として確認されたように思われた。これは中道左派の理想主義的外交政策であり、西側との統合に対する責任と、ドイツの存在意義としてのアウシュビッツへの贖罪《しょくざい》の概念に基づくものだった。

　さらに、ドイツは依然としてシビリアン・パワーであると自負していた。多国間主義への関与、とりわけＥＵとＮＡＴＯに対する責任は変わりなかった。これまでに比べ、軍事力の行使を厭わなくはなっていたが、何より人道危機の回避のために、多国間主義の枠組みによるものに限定したものであった。これは必ずしも、シビリアン・パワーのアイデンティティと矛盾するものではなかったのである。事実、コソボ紛争の間、ドイツは初めて、国際秩序を維持するために他国に介入する「秩序形成パワー」として行動したのであり、したがってシビリアン・パワーであるという主張を強化できたと論じることもできたのである。

ドイツ国内では、とりわけ左派の一部が外交政策における新しい介入主義に心地よくない思いを抱く一方で、ＮＡＴＯ同盟国やＥＵ諸国はそれを歓迎していた。手短に言えば、ドイツは１９９０年代末までに「別の共和国」になったように思われる一方で、かつてないほどに西側により深く統合されたように思われたのである。

第４章 侵略者と犠牲者

Perpetrators and Victims

米独関係の悪化――シュレーダーの「ドイツの道」

４年後、事態は全く変化した。米国が２００３年春にイラクに侵攻したころまでに、ドイツと米国の関係は、米国家安全保障補佐官のコンドリーザ・ライスが２００２年９月に述べたように、「悪化」[1]していた。ドイツは米国が自国の安全保障にとって死活的に重要だと考えた問題で、米国に反対しただけでなく、国際関係論でソフト・バランシング戦略[2]と呼ばれる、反米国の同盟を組んだのである。

スティーブン・サボーは、イラク戦争によって「米独関係における冷戦後は終了した」[3]と書いた。ヘンリー・キッシンジャーは、両国関係がこれほど早く悪化するとは思いもよらず、「ある種の反米主義がドイツ政治において恒常的な傾向となる」[4]ことを懸念したと指摘した。イラクをめぐる米独間の亀裂には、一部の分析家が「西側という概念が意義を持たなくなる可能性を示唆している」[5]と懸念を表明するほどだった。

上述の出来事に関しては、米国の外交政策が２０００年以降変化したということでほとんど説明される。９・11米同時多発テロ以前に、ジョージ・Ｗ・ブッシュ米大統領は京都議定書の批准を拒否し、国際刑事裁判所への参加も拒否したことにより、すでに多くの欧州諸国に違和感を与えていた。ところが、同時多発テロは欧州全域、とりわけドイツにおいて「米国への強力な支持」[6]を生み出したのである。同時多発テロ以降、シュレーダー首相は米国に「無制限の連帯」を約束し、北大西洋条約第５条に基づく集団的自衛権の初めての発動以降、ドイツはアフガニスタンの国際治安支援部隊（ＩＳＡＦ）へ連邦軍を派兵した。シュレーダー首相は、アフガニスタンへの派兵をめぐる法案と併せて内閣信任案を提出し、自らの進退を賭したのである。同盟への忠誠はドイツ外交政策の重要な原則として維持された。

しかしながら、その後の1年半にわたり、米独関係に前例のない亀裂が生じ、ドイツ再統一から９・11米同時多発テロまでの10年間よりも、深くて長期的な変化を表面化させていくこととなった。その根本的な現実は、ドイツと米国はもはや互いにとって、冷戦期ほど重要ではないということだった。米国のホワイトハウスの主が誰であろうと、ベルリンの首相府の主が誰であろうと、米独両国は以前ほど互いを必要としなくなっていたのである。米独両国は９・11以降、脅威認識と戦略文化の差異が大きくなり、長期的な変化によって関係は劇的に悪化していった。しかし、この差異自体はまた、同時に進行していたドイツのアイデンティティの変化の結果でもあったのである。

正確な時期は明確ではないが、シュレーダー首相が対イラク戦争に公然と反対しようと決めたのは

２００2年の夏のことであった。就任から4年を迎えたシュレーダー首相は、その秋に予定される連邦議会選挙で敗色が濃く、世論調査では過半数のドイツ人はイラク侵攻に反対していた[7]。対イラク戦争に公然と反対することを決めた重要な要因は、侵攻を正当化するブッシュ政権の主張が２００２年の間に変わったように思われたことだ、とシュレーダーは後に語っている。当初は、イラクとアルカイダの間につながりがあると主張していたにもかかわらず、その後、その主張はあまりなされないようになり、サダム・フセイン大統領が大量破壊兵器を保有しているという主張に焦点は移ったが、その証拠はまだ示されていなかった[8]。

シュレーダー首相は２００2年8月、ハノーバーでの演説を皮切りに、戦後ドイツ外交政策史において前例のない選挙運動を始めた。シュレーダーはその中で、米国と距離を置き、「米国のやり方」とは異なる「ドイツの道」に言及したのである。「米国や他の諸国を我が国の経済の模範とする時代は終わった」と述べるとともに、イラク問題に関しては「私はこの国に冒険をさせるつもりはない」[9]と語った。ドイツ連邦共和国の歴史上、このような重要問題でこれほど公然と米国と立場を異にし、米国を厳しく批判した首相はいなかった。これはまた、それまでの社会民主党と緑の党による連立政権のこれまでの外交政策との断絶でもあった。同連立政権では、多国間主義、とりわけ同盟への忠誠心の重要性を強調することが際立っていた。シュレーダー首相は、これ以上明確には言えないというほど、9・11以後の米国との「無条件の連帯」の時代が今や終わったことを示したのである。

その上、シュレーダー首相は「ドイツの道」という概念を使用することにより、後にそのような意図はなかったと否定したものの、間違いなくナショナリストのトーンを響かせていた。首相退任後に当時を振り返り、自分が意図したのは、第一に、ドイツの社会市場経済とアングロ・サクソンの自由市場経済モデルとを比較対照することであり、第二に、「ヴィリー・ブラントの平和政策」[10]に関連付けられることであることだったと語っている。シュレーダーは、外交政策を語る限りにおいて、米国との差異よりも、ブッシュ政権に対してあまり公然と批判しない野党のキリスト教民主同盟（CDU）との違いを際立たせようとしたのだと説明した。しかし、「ドイツの道」という概念を使うことにより、シュレーダー氏は意識的であろうと無意識であろうと、19世紀にさかのぼるドイツ・ナショナリズムの主要モチーフであった、西側の思想やモデルに代わる代替思想を思い起こさせたのである。

これは効果があった。「平和」のレトリックはドイツの有権者に支持され、シュレーダーはこうした考えのまま選挙運動を続けた。イラクに焦点を当てることによって、ドイツの経済的困難、とりわけ失業問題から注意を逸らすことができたのである。ドイツの失業者数は２００２年までに３５０万人に達していた。シュレーダー首相率いる社会民主党（ＳＰＤ）が必要としていた極左支持者のほか、旧東ドイツ市民の支持獲得の助けになっていた。旧東ドイツ地域では、社民党はＣＤＵや東ドイツ時代の社会主義統一党（ＳＥＤ）の流れを汲む民主社会党（ＰＤＳ）に敗退していた[11]。世論調査の結果は、旧東ドイツ市民が旧西ドイツ市民よりも、イラク侵攻への反対が強く、反米の傾向が強いことを示していた。世論調査の結果、８月末までには社民党はＣＤＵに追いつき、９月末の連邦議会選挙ではシュレーダーは僅差で再選されたのである。選挙戦が始まったころには非常に遅れを取っていたことを考えれば、目を見張る結果であった。

フィッシャー外相がコソボ紛争の正当化のためにアウシュビッツに言及したことをシュレーダーが批判したように、フィッシャーも、シュレーダーがイラク戦争に反対するために「ドイツの道」という概念を使ったことを後に批判した[12]。フィッシャーはまた、イラク侵攻という考えにも反対していたが、シュレーダーがナショナリスト的、かつ反米のレトリックを使ったことを懸念し、ドイツのイラク戦争への「ノー」がNATOへの「ノー」に変化しないよう願っていた。さらに、ドイツが孤立することを恐れていた。この時点では、フランスのジャック・シラク大統領ですら何らかの方法で義務を果たそうとしていたからである。このため、フィッシャーはよりバランスの取れた姿勢をとろうと試みた。２００２年末のシュピーゲル誌とのインタビューにおいて、ドイツ連邦軍の参加は拒否しながらも、国連安保理において対イラク軍事行動では同意するという考え方を示したのである。しかしながら、シュレーダー首相はこの考えを支持しなかった。

協議開始から８週間が経過した11月初め、国連安保理は全会一致で安保理決議第１４４１号を採択した。イラクがこれまでの安保理決議で定められた軍縮義務に応じなければ、「重大な結果」に直面すると強調し、国連査察官をイラクに再度派遣した。ドイツは２００３年1月、国連安全保障理事会で、拒否権のない非常任理事国となり、翌月、議長国の順番が回ってきた。しかし、別の選挙の準備でドイツ北部のニーダーザクセン州の町ゴスラーに現れたシュレーダー首相は公の場で、ドイツは安保理で軍事行動に反対票を投じると述べた。それまでに述べてきた発言よりも、さらに強い表現だった。シュレーダー首相にとって幸運だったのは、２月の採決においてフランスとロシアもドイツとともに軍事介入を認める決議に反対したことだった。このため、ドイツは孤立を免れたのである。

シュレーダー首相が声高に戦争反対を口にしたのとは裏腹に、実際にはドイツは米国に対し相当な軍事支援を提供していた。ドイツは、トルコ上空の警戒のため、早期警戒管制機（ＡＷＡＣＳ）を派遣することで合意した。当初は反対したものの、イラクによる攻撃に備えて、パトリオットミサイルのバッテリーもトルコに運ばれた。そして、ペルシャ湾に向けて航行中の米国船の航路保護の任務に、ドイツ海軍が当たった。さらに、物議を醸したのは、ドイツ人諜報員2名がイラク戦争中にバグダッドに残り、秘密裏に収集したイラク軍部隊や都市部に保管された兵器などに関する詳細な情報を米軍に提供していたことが後に判明した。これらの情報は、カタールにあった、イラク侵攻の米司令官であるトミー・フランクス将軍の本部に駐在していた別のドイツ人諜報員を通じて提供されていた[13]。

ドイツ国外の多くからは、シュレーダー首相のイラク戦争反対の姿勢は歓迎された。しかし、この戦争の利点に関する議論は、ドイツの外交政策の断絶の重大性を分かりにくくしていた。1990年代の武力行使に関する議論において、ドイツ左派の一部がシビリアン・パワーの概念を「平和国家」の概念に矮小化《わいしょうか》して議論していた時と全く同じように、ドイツ国内外の双方で、イラクにおける武力行使に対するドイツの反対は外交政策の伝統的価値観と一貫性があるとして歓迎したのである。しかし、現実はより複雑だった。事実、イラク戦争へのドイツの反対、とりわけシュレーダーの表現方法は、それまでの外交政策と大きな断絶があったのである。ある意味で、イラク危機に対するドイツのアプローチは実際にはシビリアン・パワーであるとの主張を損なうものであった。

一見すると、ドイツは米国ではなく欧州を、とりわけフランスを選択したかのように見えた。ドイツは過去、フランスと米国のいずれかを選択することを避け、両国の間では注意深く振舞ってきた。冷戦終結以降、とりわけ9・11以降、この均衡をとるのはより困難になっていた。そして、ドイツは2003年に初めて、公然と米国に反対し、フランスと連携したのである。サボーは「ドイツは米国との同盟より欧州を優先した」[14]と書いた。シュレーダー自身は後に、「欧州の使命」[15]という感覚があった、と述べている。しかし、ドイツは正確にはフランスに追随したのではなかった。どちらかと言えば、フランスを主導したのである。シュレーダーは2002年夏の時点ですでに、公然と米国に反対していた。それはすなわち、シラク・フランス大統領が決意する以前のことだったのである。

さらに、欧州自体も、フランスとドイツの背後で、一致団結していたというよりは真二つに分裂していた。２００３年1月末、ラムズフェルド米国防長官が「古い欧州」が米国に反対し、「新しい欧州」が米国を支持したと述べたことは、広く知られるようになった。その一週間後に、スペインのアスナール首相、英国のブレア首相を含む欧州連合（ＥＵ）８ヵ国の首脳は米国の政策支持を表明する書簡に署名し、ウォール・ストリート・ジャーナル紙に公表した。この「８ヵ国からの書簡」の後には、支持を表明するもう1通の「ビリュニス10」からの書簡が続き、バルト三国、中欧諸国、バルカン半島の国々が支持を表明した。すなわち、フランスとドイツは米国の政策への反対に欧州を導こうと試みたが、大失敗に終わったのである。

この失敗は、直近10年間に起きていたEU内部の変化を反映していた。独仏両国によるリーダーシップが過去にうまく機能していた理由の一つは、スタンレー・ホフマンが「不均衡の均衡」と呼んだものにあった。さらに、フランスと西ドイツは多くの問題において反対の立場をとっていて、これは両国が他の加盟国と合意したり、ともに選択したりできる可能性があることを意味した。しかし、冷戦の終結とEU拡大とともに、フランソワ・ハイスバーグが述べたように、独仏両国が「主要な相違点をすべて引き受ける」[16]ことは困難になった。１９９０年代にEU加盟国も独仏両国のリーダーシップの不在を受け入れ、新しい方法を見つけていた。このため、シラクとシュレーダーが独仏両国のリーダーシップをイラク問題で再び発揮しようとした時に、他の加盟国から拒否されたのである。

このため、イラク危機の際に起きたことは、ドイツが米国ではなく欧州の側についたというだけで片付けられるほど単純なことではなかったのである。明らかに、ブッシュ大統領は米国の外交政策の伝統を破り、それまでの大統領、とりわけ前任のクリントン大統領より一国主義的なアプローチを採った。ところが、ドイツもまた、イラク戦争に反対するために多国間主義を犠牲にし、それはコソボ紛争でとった政策とは対極だったのである。イラク戦争に対するシュレーダー首相の反対は、サボーによれば「ドイツにおける多国間主義の伝統との驚くべき断絶」[17]だったのである。事実、ドイツと米国の間には逆説的な対称関係を指摘することができる。ブッシュ大統領とシュレーダー首相は内容に関しては異なった見解を持っていたが、両者はともに国連安全保障理事会といった多国間機構とは関係なく、行動する用意があったのである。

ドイツ人の集団的記憶――侵略者としてvs犠牲者として

ドイツ外交政策に起きたこの変化を考察する一つの方法は、政策選好の観点にあり、それもメタレベルの政策選好とも呼ぶべきものにある。再統一以降、武力行使への抵抗感といったドイツの政策選好は、多国間主義のようなメタレベルの政策選好と調整することが徐々に困難になっていた。多国間主義は、１９４９年のドイツ連邦共和国建国以来の外交政策の枠組みとなってきたものであり、ハンス・マウルなどの専門家がシビリアン・パワーの概念を導き出すことにつながったものである。

ドイツは１９９０年代、（多国間主義などの）メタレベルの政策選好を貫くために、（武力行使などの）自国の政策選好で譲歩する傾向にあった。イラク戦争の重要性は、ドイツが初めてメタレベルの政策選好で妥協したことにある。その理由の一部は、イラク戦争の頃に起きたドイツの国家アイデンティティにおける微妙な変化にあった。

ドイツ連邦共和国の歴史を通じて、侵略者としてのドイツ人の集団的記憶は、犠牲者としてのドイツ人の集団的記憶と競合関係にあった。これら二つの集団的記憶を年代別に見ると、ドイツ連邦共和国の歴史を三つの時期に分類することができる。戦後間もない時期（実質的には１９５０年代）は、犠牲者としてのドイツ人の集団的記憶が優勢であった。１９６０年代以降の時期は、アウシュビッツ裁判などの出来事を契機として、侵略者としてのドイツ人という集団的記憶が優勢になった。最後に第三期は２０００年頃に始まり、犠牲者としてのドイツ人という集団的記憶が再び優勢になった[18]。

エリック・ランゲンバッハーは１９９９年を、優勢だった侵略者としてのドイツ人の集団的記憶が犠牲者としてのそれに転換した「重要な年」であると位置づけた。同氏のドイツ史における集団的記憶の分類によれば、二つの時期に分けられ、「ベルリンが首都に復帰した１９９９年の頃を境に分けられる」[19]という。１９９０年のドイツ再統一後の10年は、１９６０年代に始まり、１９８０年代に「文化的覇権」に到達した、「ホロコーストの記憶の継続、蓄積、制度化」によって特徴づけられる[20]。振り返れば、この「ホロコーストというアンデンティティ」は、１９９９年のコソボ紛争に関する議論がなされていた時期に、その頂点に達した。しかし、２００２年以降、ホロコーストの記憶はその重要性が低下する一方、ドイツの苦難の記憶が重要性を高めていったのである。

コソボ紛争に関する議論では、侵略者としてのドイツという集団的記憶が大勢を占めていたのに対し、２００２年下半期から２００３年上半期にかけてのイラク戦争に関する議論では、犠牲者としてのドイツ人という集団的記憶が大勢を占めていた。この時期に、米国人のある新聞記者が「ほとばしり出る記憶」と呼んだ現象が見られ、それは「第二次世界大戦に関する公的な見方の変化」をもたらし、「イラクにおける戦争に対するドイツの反対を強化」[21]した。この「ほとばしり出る記憶」は、コソボ紛争の頃に見られたホロコーストの記憶ではなく、第二次世界大戦中のドイツの苦悩、とりわけ連合軍によるドイツ各地の空襲の結果を中心とものであった。この記者は「多くのドイツ人が初めて公然と、戦争の侵略者としてだけではなく、戦争の犠牲者として自分たちを見つめた」[22]と書いたのである。

犠牲者としてのドイツ人という公的な議論の契機となったのは、歴史家のヨルク・フリードリヒが２００２年11月に刊行した『炎上』（Der Brand）[23]の出版だった。同書は、ドイツで最大の売り上げを誇るタブロイド紙の「ビルト」に連載されていたもので、間もなくベストセラーとなった。そこでは、連合軍の空襲が生き生きと感傷的に描かれているだけでなく、より問題が多いものとして叙述されていた。ナチス、とりわけホロコーストを呼び起こす言語が使われた。例えば、フリードリヒは連合軍による空襲を「全滅」と表現し、米英軍機の乗組員を「出撃隊員」と呼んだ。この用語は、第二次世界大戦中に東部戦線の背後で作戦行動をしていたナチス親衛隊（ＳＳ）の殺人部隊を表す表現だった。ビル・ニーヴェンが「歴史の脱文脈化」と呼ぶこの手法は、ドイツが第二次世界大戦中に引き起こした苦痛とドイツ人が経験した苦悩を暗黙のうちに同列に置いていたのである[24]。

こうした犠牲者としてのドイツ人という集団的記憶、なによりも１９４５年2月のドレスデン空襲の記憶は、イラクにおける米国主導の戦争に対する世論の反対につながり、それによって犠牲者としての集団的記憶はまた煽《あお》られた。イラク戦争への準備が進められる中で、ドイツのテレビ局はしばしば第二次世界大戦中のドイツ各地の空襲の映像を放映した。アンドレアス・ヒュッセンは、これが二つの戦争に「同時性の誤った感覚」[25]を生んだと指摘した。このため、連合軍による第二次世界大戦中のドイツ各地への空爆という集団的記憶は強化され、米国が始めようとしていたイラク戦争に対するドイツ人の反対を強めていった[26]。自国の残虐な過去について学んだことがあるため、ドイツ人は

『炎上』
(Der Brand)

今や、現在における戦争の是非を判断するのに他国に比べてより良い位置にいると考えるドイツ人もいた。例えば、フリードリヒはウォール・ストリート・ジャーナル紙に「ドイツ人は空爆の問題に関してはより深い知識がある」[27]と語った。

上述のように、コソボ紛争に関するドイツにおける議論が第二次世界大戦中の集団的記憶に影響を受けたように、イラク戦争に関する議論もそうだった。ところが、イラク戦争の場合は、侵略者ではなく、犠牲者としてのドイツ人の記憶、とりわけ英国と米国による犠牲者としての記憶だったのである。１９５０年代のドイツ連邦共和国において優勢だったドイツ人犠牲者論は、戦後東側陣営の一部となった中欧・東欧諸国からのドイツ人追放を中心としたものだった。しかし、冷戦下の国際環境では、英国と米国が「侵略者」であった出来事によってドイツ人が受けた苦痛を議論すること、例えば第二次世界大戦中の連合国によるドイツ各地への空爆を議論することは、極右や極左以外では、おおむねタブーであった。それが変化したのは21世紀初頭の頃で、ドイツ人は初めて自らを米国の犠牲者だと考えることができるようになったのである。

時間が経つにつれて、ナチスの過去と第二次世界大戦の記憶が純粋に薄れていくことは不可避であると考えた人もいた。しかしながら、実際に２０００年代に起きたことはより複雑だった。過去はドイツの公的生活の要因として、単に薄れていったのではなかった。特に外交政策において、過去は希薄になったわけではなかった。実際、第二次世界大戦の集団的記憶は、かつてないほど強力に残っていた。ドイツ人が自らを侵略者であると同様に犠牲者でもあったとますます考えるようになるにつれて、むしろ、この時期の異なった集団的記憶の間のバランスが変化したのである。両方の集団的記憶は、現在の必要に応じて動員することができる。とりわけ、21世紀初頭には、ドイツの国家アイデンティティに関する議論はアウシュビッツとドレスデン[28]という二つの特定の集団的記憶の間の競合を通じて表現されたのである。

この頃、ドイツ外交政策をめぐる議論において、「普通」の概念もまた、その前の10年間とは異なった方法で使用されるようになった[29]。シュレーダーはすでに「普通」という言葉を使って、コソボ紛争へのドイツの関与を正当化した。その当時、「普通」の定義を、同盟義務履行能力という意味で使っていたのである。例えば、シュレーダー首相は1999年2月のミュンヘン安全保障会議での演説で、ドイツは独自の道を望まず、「普通の同盟国として」[30]責任を果たす用意があると語った。しかしながら、2002年の連邦議会選挙で、多くの社会民主党候補はドイツのイラク戦争参加反対を、「普通であること」の表現として表明した。例えば、ミュンテフェリンク連邦議員団長は2002年10月、ドイツはいまや自国の利益を自信をもって追求する「普通の国」になったと述べ、これまでとは異なる意味で「普通」を使ったのである[31]。

シュレーダーは1945年の記憶がない初めての首相であったため、シュレーダーの「普通」という言葉の使い方はしばしば一般的な意味で説明された。しかし、フィッシャー外相のような同世代の閣僚は「普通」という概念を拒否していた。実際に、左派の「普通」の外交政策を初めて、より明確に主張したのはエゴン・バールであり、シュレーダーとは全く異なる世代に属していた。1922年生まれのバールは、第二次世界大戦の終戦時に国防軍で従軍していた。しかし、ブラントの外交政策顧問であり、東方政策の立案者であるバールは、ドイツ外交政策の議論において影響力のある人物であり、シュレーダーも大きな影響を受けたと認めている人物である[32]。国益追求としての「普通」という新しい意味を付与したのはバールであったのである。

ドイツ政治の「正常化」

外交学術誌である『国際政治（Interationale Politik）』１９９９年1月号において、バールはエッセイを発表し「ドイツ政治の正常化」[33]を呼びかけた。マルティン・ヴァルザーがその数箇月前に行った物議をかもしたフランクフルトでの演説を歓迎し、アウシュビッツの「制度化」に対する批判に賛意を示した。バールはとりわけ、ホロコーストは「正常化への道への障害」とすべきではなく、「過去の烙印が将来の重荷になるべきではない」[34]と述べた。つまり、バールは終止符を打つという考え方を直接、外交政策に適用していた。ドイツの外交政策は、「普通」になるためにナチスの過去という「烙印《らくいん》」から逃れなければならないのである。これは、ホロコーストを中心とするフィッシャー外相の外交政策観への暗黙の批判であった。

バールによれば、問題は「諸国家の共同体において他の国家のように行動」することを可能にする「内的なバランス」をドイツが獲得できるかどうかであり、「この正常性が他の諸国家から理解され、受け入れられるか」[35]であった。さらに外交政策において、この「正常（普通）」が何を意味するかを説明した。すなわち、西側との統合とEUは「ドイツ問題」を最終的に解決したのであり、これはドイツが欧州の他の国々にとって脅威ではないことを意味した。だからこそ、ドイツは「他の主権国家と同様、自国の国益を自然に追求」すべきである。それが正常ということであり、「ベルリン共和国の好機」[36]である、というのである。バールのエッセイが示唆しているのは、ボン共和国の外交政策が「正常ではなかった」のは、武力行使に消極的だったからではなく、完全な主権を回復していなかったからであり、微妙だが重要な違いを指摘している。

バールはまた、ドイツと米国の国益は今や異なっており、このため米国から大きく離れたところに「正常」があると主張した。言い換えれば、西側との統合を緩めることを呼びかけているのであり、これはユルゲン・ハーバーマスのような左派の一部が統一後に起こるかもしれないと懸念したことであった。同盟義務履行能力としての「普通（正常）」という初期の概念が、コソボ紛争やアフガニスタンへの派兵などに関する決定のように、ＮＡＴＯ同盟国の外交政策と同じ外交政策を選択することを正当化するのに使用される一方で、この国益追求としての新しい「正常」の概念は、イラク戦争の拒否といった、同盟国、とりわけ米国との外交政策の違いを正当化することにも使われ得るのである。

上述のように、ミュンテフェリンク議員のような社会民主党議員の一部が「正常」という概念をこのような意味合いで使用していたとはいえ、シュレーダー首相による「ドイツの道」という概念は、必然的に「独自の道」、すなわち「正常」の反対概念を想起させた[37]。シュレーダーは首相の座を退いてから、この「ドイツの道」という反対概念を使ったのは（ドイツの）社会市場経済を表現するもので、「アングロ・サクソン経済モデル」に対する批判として述べたが、この概念は外交政策、とりわけ「ブラントの平和政策」を言及したものだったと語っている[38]。しかしながら、シュレーダーは２００２年８月のハノーバーでの演説で初めて使用して以降、この用語を外交政策の要素としてよりも、社会・経済の要素として強調する傾向があったのである。

バールはイラク戦争後の２００３年に出版した著書の中で、シュレーダーの外交政策における「ドイツの道」という概念を取り上げ、「正常」という概念を直接関連付けている。著書『ドイツの道――自明と正常』の中で、バールは「普通の国家として自国の国益を追求し、過去の歴史を将来の足かせにしない、欧州のために貢献するドイツ」になることを呼びかけるとともに、「欧州の将来はドイツの過去より重要である」[39]と強調した。先に引用したバールのエッセイにおいてもそうであったように、ここでも国益の追求として定義される「正常」が中心的概念とされている。バールは国家アイデンティティを認識することが「正常」であり、ドイツにはこれまで国家アイデンティティが不足していたと指摘する。「ドイツ人には、国家という概念に同じように正常の関係を発展させることが、ほとんど義務と言える」[40]と述べている。

バールの「正常な」外交政策

バールは１９９９年のエッセイで、ナチスの過去に基づいてドイツを例外扱いすることを批判する一方、外交政策におけるドイツ独自の要素が特に必要であることを、以前にも増して強調した。とりわけ、それは「特異性」のある「正常」であると指摘し、言い換えれば、独自のアプローチが必要であることを指摘したのである。シュレーダーの「ドイツの道」という概念を支持しただけではなく、「特異性への懸念」[41]から、シュレーダーがその概念を外交政策ではなく、むしろ社会・経済分野に限って適用したことを残念に思っていた。バールはドイツ国民に対し、「ドイツの道に対する懸念」[42]を克服するよう呼び掛けたのである。他の欧州諸国は自国の道の特色を誇りに思っていると述べるとともに、「ドイツの道が他国から懸念されていると心配しているのは、もはやドイツ人だけである」[43]と言うのである。

バールはとりわけ武力行使に関して、ドイツが独自の道を行くべきであると論じた。基本法第26条はドイツの「特異性」の肯定的な要素であり、「独自のセールスポイント」になり得ると主張し、これを基にドイツは独自の特徴的な外交・安全保障政策を発展することができるというのである[44]。ドイツの武力行使に対する抵抗感を守ることにより、バールは1990年代初頭から用いてきた「正常」の概念を正当化した。その当時、右派は「正常（普通）」とは武力行使の問題に関してNATO同盟国と肩を並べることであると論じる一方、左派はこれに「再軍国化」の危険を見て取った。その10年後、バールは「正常」とは何よりも平和を意味する、と主張した。「正常」を「特異性」と結びつけることにより、バールは、フィッシャーが言うところの例外主義とは異なるものの、ドイツのある種の例外主義を擁護するために、「正常」の概念を使用したのである。

バールは1999年と同様に、「正常」な外交政策の基礎を形成するドイツの国益は、もはや米国の国益とは同列にはないと再び主張した。バールは「大西洋の両側では、いまや異なった利害があり、今後も相違は残っていく」と書いた[45]。もしドイツが外交安全保障政策における米国の支配的立場に終止符を打たなければ、ドイツはまさに保護領に過ぎないことになる」[46]というのである。さらに、平和国家としてのドイツのアイデンティティは、独自のセールスポイントであり、米国と明確に区別するのに役立つという。このため、バールは著書で「イラク戦争の利点」[47]を認めることから書き始め、イラク戦争がドイツ国民の結束に役立ったとし、「イラク戦争への反応は、全ドイツ国民が共有した」[48]と記したのである。

上述のように、「正常な」ドイツ外交政策というバールの見方は、何よりも自国の国益を追求する主権国家の概念に基づくリアリストのそれであった。ドイツは1990年代にそうであったように、アウシュビッツに影響されるべきではないし、とりわけ平和のために立ち上がる時には、独自の道を行くことも恐れるべきでないというのである。確かに、武力行使に対する消極性は「特異性」の最たるものである。さらに、米国から離れた立ち位置をもって、米国に挑戦する準備をしなければならない。とりわけ、武力行使の問題に関してはそうである。「正常」の議論は、ハーバーマスらが懸念していたように、ナショナリズムの再興を伴ったが、軍国主義の再興を伴うことはなかった。むしろ、平和国家としてのドイツの概念に基づく左派のナショナリズムであった。

連邦軍の域外派兵に対する国内批判

イラク戦争以降、ドイツ国内の他の人々も、バールが示した「正常」の新たな概念をますます使うようになり、バールのドイツ外交政策の考え方を共有するようになった。とりわけ、シュレーダーは、「正常」よりもむしろ「主権」について話すことを好んだものの、バールが提示したリアリストの国益追求の強調という考えについては共有していたのである[49]。ドイツの外交政策の選択を正当化するために、ナチスの過去を使うべきではないというバールの考えをシュレーダーも支持しており、フィッシャーがコソボ紛争への軍事介入を正当化するためにアウシュビッツを引き合いに出したことを批判した[50]。シュレーダーはまた、米国との関係悪化を後悔していないと語り、自らの政権における意志決定で「独立性」を示した方法を誇りに思っていると述べた[51]。このように、焦点を再統一から、バールが「内的な主権」と呼ぶものへと代えた、１９７０年代の中道左派によるリアリズムの新版ともいうべきものが生まれたのである。

中道左派のリアリズムの外交政策の中心は、１９７０年代のブラントの外交政策がそうだったように、「平和」の概念にあった。米国ミサイルの欧州配備への反対から始まった１９８０年代の平和運動は、西ドイツでどれほど「平和」の概念が共感を呼ぶかをすでに示していた。この概念はまた、旧東ドイツ市民の間でも共感を呼んだ。しかしながら、ドイツは1990年代に同盟諸国から圧力を受けて、徐々に一定の条件下における武力行使を受け入れていったように思われた。この安全保障政策の変容は、1999年のコソボ紛争への参加につながっていった。2000年代半ばまでに、ドイツ連邦軍は世界中に派遣されていった。ところが、2003年のイラク戦争以降はとりわけ、武力行使への反対世論が国内で強まり、ドイツは自国を「平和国家」と位置付けるようになったのである。

ドイツ連邦軍はバルカン半島でとりわけ積極的な役割を果たしていた。コソボが安定化したにもかかわらず、民族紛争は2001年までに隣国マケドニアにも広がっていた。そこでは、アルバニア系武装組織と政府の間で戦闘が勃発していた。マケドニアでは2001年7月に停戦合意が結ばれ、NATOはアルバニア系武装組織から兵器を回収する「エッセンシャル・ハーベスト作戦」を展開した。ドイツは翌月、英国主導部隊の4500人規模の一部として500人を派遣することに合意した。この30日間の作戦終了時にフィッシャー外相は、米国同時多発テロが起きる9月11日の数日前のことだったが、米国と欧州に対し、マケドニアが内戦へ発展しないよう、国連決議に基づく新たなNATO主導の部隊を創設し展開するよう要請したのである[52]。

ドイツ連邦軍はまたアフガニスタンにも派兵していた。シュレーダー首相が同盟への忠誠の名の下に、派兵を決めていたのである。しかし、毎年更新されていた、ドイツ連邦軍の役割ははっきりしないままだった。とりわけドイツ連邦軍はNATO主導の「国際治安支援部隊」（ISAF）には参加できるものの、米国主導の「不朽の自由作戦」には参加を許されなかった。とはいえ、この二つの作戦を分離することは現実には難しかったのである。イラク戦争をめぐる不和の後では、アフガニスタンでより大きな役割を求める米国の圧力に抗うことはもはやできず、2003年に比較的平和なアフガニスタン北部のクンドゥズに派兵することで合意した。南ドイツ新聞の国際部編集者であるシュテファン・コルネリウスによれば、そこが「与えられた任務のドイツ側の解釈と、現地の状況が少なくとも一致しているように見える理想的な場所」であったため、ドイツは合意したのだという[53]。

しかしながら、そこですらドイツ連邦軍は、厳しい「但し書き」の下で作戦行動に従事した。ドイツ連邦軍は、ＩＳＡＦの他のパートナーと同程度の柔軟性をもって軍を展開することができなかったのである。ドイツ側は「但し書き」という用語に違和感を抱き、「交戦規定」（ＲＯＥ）という用語を好む一方で、連邦軍がより高い安全基準を持っていたことを認めている。例えば、医療支援については、部隊配備には必ず必要とされ、他のＮＡＴＯ加盟国に比べて、配備能力を制限していた。ドイツ連邦軍の司令官はまた、米国や英国、オランダの司令官よりリスクを取ろうとしなかったため、その兵員能力、とりわけ夜間に制限がかかることになったのである。これらの制限に同盟国は不満を募らせ、英国軍幹部の一人は２００７年、連邦軍は「攻撃的なキャンプ組織」[54]でしかない、と述べたほどである。

しかしながら、２００７年以降、ドイツ連邦軍は同国北部で直面した作戦上課題に対処していく中で、適応し、学習していった。タリバーンがアフガニスタン北部で第二の戦線を開き、現地の安全保障状況が悪化すると、連邦軍司令官は対処方法を変える必要に迫られ、より攻撃的な部隊運用を適用し始めた。この過程で、それまで平和維持活動という意味で自らの役割をとらえていた連邦軍は、独自の対処理論を開発していった。ところが、それは翻って、地上における現実と、連邦軍のＩＳＡＦ参加に対する国内世論の反対が強まるという政治レベルにおける、ティモ・ネッツェルが「戦略的無気力」と呼んだものとの乖離を広げていくことになるのである[55]。

ドイツ人と民間の犠牲者が増えるにつれて、アフガニスタンにおける活動への反対は強まっていった。ドイツ連邦軍が2007年に実施した調査によれば、当時はドイツ連邦軍がアフガニスタン北部で活動していた最中であるが、ドイツ世論はISAFの活動とドイツの海外派兵一般についてより懐疑的になっていた[56]。政治家は連邦軍のアフガニスタン派遣について議論することを避け、通常は「安定化作戦」として言及していた。シュレーダー首相がイラク戦争を利用したような政治的な反対に利用されないようにしていたからであった。コルネリウスは2009年夏、ドイツはアフガニスタンで実施していることに関して自らを欺いており、「ドイツは戦争を戦っているにもかかわらず、それを戦争と呼ぶことは許されていない」[57]と書いたのである。

しかしながら、その後、アフガニスタンの現実がドイツで報じられることになった。2009年の連邦議会選挙の選挙戦の最中に、タリバーンから攻撃を受けたアフガニスタン北部に駐留中の連邦軍は緊迫状態にあった。そうした中、ドイツ連邦軍大佐は米国に対し、タリバーンが盗んだと思われるクンドゥズにあったタンクローリー2両への空爆を要請したのである[58]。この空爆で数十名の市民の犠牲者を出したことにより、ユング前国防相（辞任時は労働・社会相）は辞任を迫られた。ユングは空爆に関して不完全な情報しか報告していなかったのである。このクンドゥズ事件を契機に、アフガニスタンにおける連邦軍活動に対するドイツ国民の態度は変化していった。これを契機に起こった議論を通して、連邦軍が「安定化作戦」に参加しているのではなく、戦争を戦っていることに、多くのドイツ人がついに気づいたのである[59]。

アフガニスタンにおけるトラウマに加えて、イラク戦争の誤りが認識されたことにより、連邦軍を「NATO域外」活動に派遣することへの反対が強まった。事実、ドイツ再統一後20年が経とうとする頃までに、ドイツの武力行使に関する原則は、「二度と戦争はしない」が、「二度とアウシュビッツを起こさない」に取って代わったように思われた。

ジャーナリストのトーマス・シュミットは２０１０年に「ドイツの外交・安全保障政策における介入主義の時期は終わったように思われた」と書いている[60]。ところが、欧州ではドイツは安全保障の創出者というよりは消費者であるとの見方が大きくなる一方、ドイツは自国が、もはや戦力投射能力には関心がない根本的に平和的で、「英雄以後」社会であると認識していた。このため、１９９０年代にはドイツはあたかもフランスや英国とともに武力行使をするようになると思われていたが、今では両国と一線を画しているようだった。戦争と平和の問題では、ドイツは「正常」になりたくなかったのである。

第5章 経済と政治

Economics and Politics

再統一後の経済停滞とアジェンダ2010

ドイツの国家アイデンティティが変化していた2000年代、ドイツ経済の変化も他の欧州諸国に多大な影響を与えかねない形で起きていた。ドイツ統一に伴う膨大な費用と、グローバル化の進展による変化に対応しようと苦しんでいた頃、ドイツは困難な改革を断行した。これにより、ドイツは驚くべき経済復興と、ドイツと他のEU加盟国との間の共存関係にも変化をもたらしたのである。ますます統合されるユーロ圏の中心にあって、ドイツは十年の間にその経常赤字を巨額の財政黒字に転換した。

ドイツ国内では、この方向転換は成功と受け止められた。しかし、その成功はおおむね賃金抑制によって実現したため、普通のドイツ人はその恩恵を感じることはなかったのである。さらに、ドイツはより一層輸出に依存するようになったため、欧州内で緊張関係を生み出していたのである。

１９９０年のドイツ再統一の直後は、１８７１年の統一の時と同様に、経済的好況がもたらされた。旧東ドイツ地域の賃金は、再統一の頃は旧西ドイツ地域の賃金の約６割程度だったが、速やかに旧西ドイツ地域の水準に引き上げられた。これにより、西ドイツ製品に支出するお金を持った１７００万人の新しい市場が創出されたのである。従って、再統一後の最初の年は、この新規に創出された需要に対応したため、旧西ドイツ地域経済は４・５％の成長率を達成した。とりわけ、建設業はこの成長の恩恵を受けた。というのも、ドイツ政府は「東部復興」と呼ばれる計画の一部として、いわゆる旧東ドイツの「新州」の社会資本整備のために多額の投資を行ったからである。政府機関が１９９９年に移転することが決まっていたベルリンは、再統一されたドイツの新しい首都として再建されたのである。

しかしながら、再統一の当初の陶酔が過ぎ去ってしまうと、経済問題が浮上し、これが次の十年間、ドイツの政治を支配するようになった。旧東ドイツ地域における消費者需要の当初の急騰が過ぎ去り、以前は東ドイツ政府が所有していた、競争力のない工場が売却されたり閉鎖されたりすると、生産高は減少し、ドイツ経済は不況に陥った。１９９２年の経済成長率はわずか１・１％で、翌93年には１・１％の縮小に陥ったのである。ドイツは１９５０年代初期からそれまで、ほぼ継続的に経常黒字を維持してきたが、赤字に転落した。90年の選挙戦でコール首相は、旧東ドイツ地域における「経済的繁栄」を約束していた。しかし、93年までに、旧東ドイツ新州の失業率は15％にも達した。とりわけ若者にとっては、改善傾向にあるというよりは悪化傾向にあったのである。

コール政権の終盤では、経済成長の不振が続き、失業率も増加して、福祉国家と呼ばれたドイツに負荷が掛かり、「改革の停滞」に関する議論が交わされるようになった。多くの経済学者は、ドイツが「欧州の病人」であると考え、製造業に依存しすぎており、労働市場が柔軟性を欠き、このため中国や東欧の低コストの産業に対する競争力がないと見なすようになった。経済学者らは、ドイツは規制緩和を実施し、他の先進国と比べて低水準にあった金融サービスや消費支出の増大を目指すべきであると考えていた。しかしながら、ドイツ政府のコンセンサスによる意思決定システムと、とりわけ強力な労働組合があるため、改革は実行不可能と思われた。ところが、シュレーダー政権下において、2000年代に画期的で、予期せぬ政策転換が起こったのである。バリー・アイヒェングリーンによれば、これは「良き政策と良き幸運」[1]が重なった産物であった。

シュレーダー首相は98年に政権の座に就くと、何よりも失業率を削減しようとした。失業者は370万人、9％を少し超えていたのである。ドイツが再統一に対処している間、またそれまで成功してきたドイツ製造業が日本やそのほかのアジア諸国との日に日に厳しくなる競争にさらされる中、失業率は徐々に上昇してきた。シュレーダー首相は、コール政権期のスタグネーションからの経済的刷新を約束して政権の座についた。実際、首相に就任すると、もし失業率を大幅に削減できなければ再選はないだろうと述べていた。シュレーダーはビジネス環境により適合した経済政策の推進を約束した。それは、顧問のボド・ホムバッハが「左派のサプライサイド・エコノミクス」と呼ぶ政策に基づいており、ドイツの経済不況に刺激を与えることを目指したものだった[2]。

シュレーダー首相は第一期においては、ドイツの改革の停滞を克服することに、ほぼ失敗した。コソボ、アフガニスタン、イラクなどの外交政策上の危機対応で忙しく、経済からは注意を削がれていたのである。シュレーダー政権の最初の数箇月は、財務相であり党首であるオスカー・ラフォンテーヌとの反目で混沌としていた。ラフォンテーヌは減税を実施し、需要を刺激する考えだったのである。ラフォンテーヌが99年3月、突然辞任すると、後継者であるハンス・アイヒェルは厳しい歳出削減を実施した。しかしながら、経済統計はさらに悪化した。実際、シュレーダー政権第一期の終わりには、失業率は３５０万人程度、つまり９％を少し下回る程度だった。２００２年から05年かけての第二期シュレーダー政権で、ドイツ連邦共和国史上最大規模の社会保障システムの改革を導入し、ドイツ経済を変容させることになるのである。

最も重要な施策は、03年3月に導入された政策パッケージで、失業給付・健康保険給付・年金支給額を削減するアジェンダ２０１０として知られるものだった。最も議論を呼んだのは、ペーター・ハルツの勧告に基づく失業給付金の改革だった。同氏はフォルクスワーゲン社の人事部長で、２００２年の選挙直前にシュレーダーが労働市場の近代化を企図する委員会の委員長に任命していた（ハルツはその後、大規模な汚職が明るみに出たことにより、退任を余儀なくされた。労組幹部らにリベートを支払い、その売春婦の費用すら支払っていたというスキャンダルだった）。この改革により、超小規模事業が従業員を解雇したり、所得が月４００ユーロ未満の場合は社会保障から除外したりしやすくなった。これは、賃金コストの削減に役立ち、そのためパートタイムの雇用が創出されやすくなったのである。

こうした施策は左派からも右派からも攻撃を受けた。五賢人と呼ばれる、ドイツ政府に対して経済政策を助言する経済諮問委員会の専門家らは、行き過ぎたドイツの社会保障システムの改革としては十分でないと考えた。一方、左派の多くはこれらの施策がネオリベラルないしはサッチャリズムであると批判した。とりわけ、新政策によって、富める者と貧しい者の間のギャップが拡大し、低賃金のパートタイム労働者という新しい下層階級を創出したというのである。強力な労働組合主導の下、失業給付金改革として知られる「ハルツⅥ」計画の反対陣営は、抵抗を開始した。その改革が重大な影響を与えた旧東ドイツ地域では、幻滅した市民は旧東ドイツの政権党だった社会主義統一労働党（ＳＥＤ）の後身である民主社会党（ＰＤＳ）支持へと向かった。

さらに、シュレーダーの改革は直接的にはドイツ経済に良い影響をもたらさなかった[3]。経済成長は依然として低く、シュレーダー政権が自ら試金石とした失業率は上昇し続け、02年末までに３７０万人、つまり９％を超えた。

中・東欧へのアウトソーシングと黒字回帰――中国への輸出

経済低迷の結果を受けて、ドイツは安定・成長協定の合意に従い、国家予算における財政赤字額を制限しようとした。同協定は97年、マーストリヒト条約に定められた財政規律を強化するため、ドイツのイニシアティブで締結されたものだった。ところが、２００３年初頭には、その前年にフランス、ドイツ両国が３％の収斂基準を上回ることが明らかになったのである。しかし、11月には加盟国の財務相で構成されるＥＵ経済・財務相理事会は、両国に対する赤字超過手続きにおけるさらなる措置をとるとする欧州委員会の勧告を拒否した。

ドイツはその後も安定・成長協定の規定違反を続けたため、05年にこれが改革されるまでの間、事実上一時停止された状態となった。こうした財政上のプラグマティズムは、ドイツが後に他の欧州諸国に対して課した財政的措置とは対照的なものであったが、続く10年にドイツが経済的な成功を収めることに貢献したのである。

一方で、ドイツ製造業には変革の波が襲っていた。おそらく最も重要なのは、ドイツ製造業が中欧・東欧に対して生産を外部委託するようになったことである。再統一以前は、かつて「中欧」と呼ばれたドイツを中心とする地域で、「鉄のカーテン」によってこれらの国々の経済とは切り離されていた。しかし、冷戦の終結により、ドイツ国境に沿った地域に、熟練労働者を持つ低賃金経済が出現したのである。２０００年代の後半、ドイツ企業は経費削減と競争力改善のために、生産拠点をチェコ、ハンガリー、ポーランド、スロバキアといった地域に移転し始めた。これらの国々はすべて04年にＥＵに加盟している。例えば、自動車メーカーで、フォルクスワーゲンの子会社のアウディ社は、ハンガリーで自動車エンジンの生産を開始した。１９９３年から20年経って、同社は57億ユーロをハンガリーに投じ、同国最大の外国直接投資企業となった[4]。

この種の外部委託はドイツの製造業を変えた。自動車を含め、ますます多くのドイツ・ブランドの製品が実際には別の国で生産され、ドイツでは単に組み立てられるようになった。こうした動きは投資や職業訓練、雇用創出といった恩恵があるため、中欧諸国の経済には歓迎すべきことだった。しかし、このことはまた、中欧諸国の大部分がドイツのサプライ・チェーンとなることを意味した。つまり、ある経済学者が「大ドイツ経済圏」と呼ぶものに統合され、ドイツは他のユーロ圏経済に対して構造上の比較優位を獲得することになった[5]。これはまた、これらの国々の経済的利害とおおむね一致し、ＥＵ内におけるドイツの影響力拡大につながったのである。

外部委託はまた、別の側面もあった。ドイツ国内における熟練労働者の賃金を押し下げる圧力となったのである。失業率が上昇するにつれて、欧州の中でも最も強硬な労働組合の一つと従来考えられてきたドイツの労働組合が顕著な賃金抑制に合意した。これは、共同決定方式として知られるコーポレート・ガバナンスのコンセンサス方式によって成立したものだった。とりわけ経営側と労働委員会は、「労働協約」と呼ばれる工場レベルでの交渉様式を利用した。これはダイムラー・ベンツ社が雇用を保障しつつ、工場の競争力を改善することを目的として、１９８０年代後半に導入したものであった[6]。双方ともに妥協したのである。労働者側はより長時間働く一方で、賃金削減とより柔軟な雇用形態を受け入れた。経営側は、投資を保証し、大量の人員解雇をしないことを約束したのである。

その結果として、ドイツでは２０００年代に、賃金は年率で１・１％上昇した。実質ベースでは横ばいだった。国際労働機関（ＩＬＯ）の報告書によれば、（インフレ率調整後の）実質収入は、実際のところ２０００年代には４・５％減少した[7]。この賃金抑制は、シュレーダーが導入した低賃金雇用における社会保障費の免除と相まって、労働コストを劇的に減少させたのである。他のユーロ圏では、労働コストは上昇していた。従って、ドイツと他のユーロ圏諸国との間には、競争力の差が開きつつあったのである。例えば、ユーロ圏諸国との比較では価格競争力は10％上昇し、イタリアやスペインなどの国々に対しては、25％上昇した[8]。しかし、この競争力の相対的上昇は、フランスの方が高かった生産性の向上によるものというよりはむしろ、労働コストの減少によるものであった[9]。要約すれば、アダム・ポーゼンが論じるように、ドイツは「競争力を獲得する方法を国内的な切り下げによって獲得した」[10]のであった。

先進国経済が２０００年代に世界輸出市場におけるシェア（市場占有率）を落とす中で、ドイツは国内的切り下げにより、その傾向に抗っていた。新興国経済が世界輸出市場において競争力を向上させ、先進国経済と競争する一方で、先進国経済は市場占有率が低下していたのである。他の欧州諸国がシェアを低下させる中で、ドイツの製造業は世界市場におけるシェアやドイツの国内総生産（GDP）におけるシェアをなんとか維持した。ドイツ製造業の好調は、ドイツ経済の劇的な改善をもたらしたのである。メルケルが05年にシュレーダーの後を引き継いだ２０００年代後半、失業率はピーク時の４８０万人、11・５％から減少し始めていた。輸出は急増する一方で国内需要は低水準にとどまり、２０００年にＧＤＰの１・７％を占めたドイツの貿易赤字は、２００７年には７・４％の黒字に転じたのである。

しかしながら、製造業の復活はドイツ経済をゆがめることとなった。ドイツ経済は常に製造業を基盤とし、輸出に依存してきた。確かに多くの大規模・中規模企業は19世紀から20世紀初頭にさかのぼる歴史がある。しかし、国内需要はずっと弱く、製造業が２０００年代に回復したとき、ドイツ経済はそれまでより一層輸出に依存するようになっていた。実際、ＧＤＰにおける輸出の占める割合は２０００年の33％から２０１０年には48％に増大したのである[11]。２０１０年の終わりまでに、サイモン・ティルフォードの言葉を借りれば、ドイツ経済は「その成長を構造的に外需に依存していた」[12]。ドイツの自動車産業はドイツ経済全体の縮図であった。再統一の頃には、ドイツは製造した自動車の約半数を輸出していたが、２０００年代末までには約４分の３以上を輸出するようになっていたのである[13]。

弱い国内需要と増加する輸出という組み合わせによってもたらされた巨額の黒字は、どこかに投資する必要があった。50年代と60年代当時は、ドイツ企業は国内で投資する傾向にあった。ところが、２０００年代にドイツが黒字に回帰すると、ドイツの税率の高さを嫌ったり、一部はより収益を上げる機会が国外にあったりしたため、国外に投資するようになっていたのである。

そのため、ラグラム・ラジャンの言葉を借りれば、ドイツの黒字はアイルランドやスペインの物件や米国の抵当権を基にした証券、いわゆるサブプライムに投資される前に「世界を一巡りしていた」のである[14]。そのため、ドイツの賃金抑制によって生まれた余剰は「外国のジャンク債に過剰に」再利用された[15]。アダム・トゥーズが指摘したように、この間の国内総生産に占めるドイツの純投資額は、大恐慌の時期を除けば、史上かつてないほど低水準にあった[16]。ポーゼンによれば、ドイツは「相対的に価値連鎖を上げるのではなく、下げた」[17]というのである。

したがって、シュレーダー政権期に行われた国内の労働コストの切り下げから生まれたドイツ経済は、成功を収めたものの、不安定なものだった。多くのドイツ人は、新興国経済とのより厳しい競争にさらされながら、製造業の仕事を続けていた。しかしながら、競争力の改善はおおむね賃金抑制によって達成されたため、普通のドイツ人はいわゆる第二の「経済の奇跡」の恩恵を感じなかったのである。その結果、国内需要は低水準のままだった。低水準のままの公共投資や民間投資もまた、中期的な生産性の向上にとってはあまり良い材料にはならなかった。製造業は状況に合わせて適応する一方、サービス業はほとんど規制緩和されていなかった。ドイツ経済はあまりに対外的な需要に依存していたため、対外的な衝撃に傷つきやすく、不安定だったのである。

２０００年代の状況は、ドイツに幸運が舞い込んだ時期だった。ドイツはシュレーダー政権下で困難な構造改革を断行し、上昇傾向にあったグローバル経済の恩恵を受けていた。米国はＩＴバブルが弾けた後、景気刺激のため史上最低水準にまで金利を引き下げる一方、新興国経済は急速な経済成長を続けていた。こうしたことはドイツの輸出にとって引き続き高い需要が続くことを意味したからである。その結果、ドイツ政府は給付金を削減し、ドイツ企業も賃金を引き下げたものの、経済は成長することができたのである。助けとなったのはユーロ導入であり、これによりユーロ圏で信用拡張が生まれた。ユーロはドイツ・マルクに比べると弱かったため、ユーロ圏以外へのドイツ輸出には有利に働いた。ユーロ導入はたしかにドイツ輸出の押し上げにつながったが、信用拡張は最終的には衝突につながる問題をはらんでいたのである。

単一通貨の創設以降、ギリシャなどの国による国債のリスクプレミアム（期待収益率）はポール・クルーグマンの言葉を借りれば「溶けてなくなった」[18]。ドイツの銀行も含め、銀行は歴史的な低金利で南欧諸国に資金を貸し出し、南欧諸国はどんどんお金を借りて、高級自動車からギリシャ政府が購入した214型潜水艦4隻まで、あらゆる種類のドイツ製品を買い漁ったのである。2007年までにギリシャの経常収支赤字は国内総生産の15％に達した[19]。この間、他のユーロ圏に対するドイツの貿易黒字は劇的に増大し、1997年から2007年の間に、280億ユーロから1090億ユーロになった。つまり、ほぼ四倍になったのである。これは翻って、南欧諸国へ再利用され、とりわけスペインの建設業と不動産に向かった。

現在わかっていることは、ユーロ導入以降に起きたことは、ユーロ圏経済間の不均衡、とりわけ（ドイツのような）貿易黒字国と（ギリシャのような）貿易赤字国の間の不均衡が拡大したということである。これはEUにおいて、とりわけユーロ圏で起きると考えられていたこととは逆のことだった。単一通貨の概念は、ギリシャのような国々がドイツの低インフレ、低金利モデルに近づく一方で、ドイツは逆に国内消費や賃金、インフレを増大させてギリシャのような国々に近づくと考えられていた[20]。サイモン・ティルフォードは「低インフレで低成長の中核国と高インフレの周辺国の構造的格差は単一通貨の導入によって狭まっていくと考えられていた」と指摘する。ところが「現実には、これらの格差は拡大した」[21]のである。手短に言えば、ユーロは収斂をもたらすのではなく、格差拡大をもたらしたのである。

とりわけ、ドイツの貿易黒字の莫大な規模は問題となった。ユーロ圏は国内総生産（GDP）の6％ないしは7％の規模の経常収支黒字がある小規模経済には対応できていた。例えば、オランダはGDP比でドイツよりも大きな経常収支黒字があった。しかし、ティルフォードは2006年に発表した先見性のある報告書で、ドイツほどの規模を持つ経済は「他のEMU（経済通貨同盟）加盟国に過度の圧力を与えずに、実質国内総生産の成長を輸出に無制限に依存することはできない」[22]と指摘した。しかしながら、ユーロ導入当初の10年間は、このような新たな圧力に対する認識が薄く、新通貨は大成功のように思われたのである。ユーロがドルに対抗して、世界の基軸通貨になりそうに思われると、導入時にあった懸念はほとんど忘れ去られていった。

欧州でドイツ製品への需要が急増していたのと同じころ、世界的な需要も増大していた。新興国が発展し、中流階級が世界規模で拡大すると、技術や消費財への需要は爆発的に増大した。機械・自動車・電化製品・化学製品などの産業分野を得意とするドイツは、利益を享受する理想的な立場にあった。とりわけ、二種類のドイツ製品に対する大きな需要があった。第一に、工業生産の発展と拡大によって、ドイツが優れている工作機械類をはじめとする資本財へ需要が生まれたことである。第二に、中流階級の拡大は、高級自動車などの高額商品の需要を生んだ。ドイツと多くの新興国との間には完全な共存関係が生まれたのである。あるドイツ政府職員は2012年、「彼らが必要とする製品そのものを我々は持っている」[23]と語っていた。

とりわけ中国からの需要は増大した。中国との共存関係は他の新興諸国よりも一層完全なものだった。というのも、中国は製造業の価値連鎖（バリューチェーン）を引き上げようと望んでおり、そのための技術を必要としていたからである。２０００年代に入り、ＢＡＳＦやフォルクスワーゲンといったドイツの大企業は中国に工場を建設し始めた。２０００年代末までに、中国はメルセデス・ベンツの最も利益率が高い自動車であるＳクラスの最大市場となり、２０１３年までに世界の全売上の半分を占めるようになった[24]。

ドイツの中規模企業の多くは家族経営で従業員数は５００人以下、年間売上高が５０００万ユーロ未満の企業で、同国の雇用の60％、国内総生産の半分を占めており、これも恩恵を受けた。他の輸出企業に供給している企業も直接中国企業に供給している企業もともに、中国からの需要で売り上げを伸ばしたのである。唯一の問題は、十分な熟練工を見つけることであった。

信用拡張を通じてユーロがユーロ圏内の需要創出に役立ったように、米国やアジアなどの欧州以外の地域の主要市場でも、ドイツ企業が競争力を得るのに役立った。ユーロ導入以前、ドイツの輸出企業はドイツ・マルクの強さに苦しんでいた。ところが、ドイツ企業はいまや、ドイツ・マルクに比べて相対的に弱いユーロの弱さによる恩恵を享受していたのである。欧州以外の地域では、弱いユーロはドイツ製品の競争力を格段に引き上げた。

もしユーロが導入されていなかった場合に、ドルに対するドイツ・マルクの為替レートが２０００年代にどれぐらいになっていたかを知ることはできないが、ドイツ・マルクは確実にユーロより強かっただろうと推測することはできる。このため、ドイツ輸出企業は不当に過小評価された通貨から利益を享受していると批判する者もいた。ドイツはこのため、中国の需要から恩恵を受けていただけでなく、「ヨーロッパの中国」[25]になりつつあったのである。

輸出推進型外交政策――リアリズムの経済政策

ドイツ経済がますます欧州域外からの需要に依存するようになると、ドイツの外交政策はより一層、現実主義的になったように思われた。シュレーダー政権時代の実利主義的な事例として対ロシア関係がある。シュレーダー首相とロシアのプーチン大統領がともに対イラク戦争に反対して以降、両者はかつてないほどの親密な関係を構築し、シュレーダー首相は、プーチン大統領が日増しに権威主義的になっていたにもかかわらず「欠点のない民主主義者」だと評価した。

２００５年の連邦議会選挙の2週間前、シュレーダー首相とプーチンはロシアからドイツへの天然ガス・パイプライン建設に関する合意に署名した。これは、欧州においてドイツがロシアの天然ガスの主要な供給国になる一方で、ロシアに対する欧州側の依存を強めることを意味した。首相退任から二ヵ月後、シュレーダーは同パイプライン建設のために設立されたコンソーシアムであるノルド・ストリーム社の取締役会長に任命された。同社はロシアのエネルギー企業であるガスプロム社が資本の過半を保有していた。ロシアが２００８年にジョージア（グルジア）に侵攻した後も、シュレーダーはロシアに対して批判的な言葉を使うことを拒否していたのである[26]。

ドイツの対ロシア政策はビジネス、とりわけエネルギー分野のそれに左右された。ロシア・ジョージア間の戦争が起きる頃までには、ドイツとロシアの間の貿易は５００億ドルに増大し、ドイツの対ロシア輸出は３６０億ドルに及んだ。ドイツはまた、天然ガスの37％を、石油の32％をロシアに依存していた。プーチン政権下のロシアはこれを次第に政治的に利用するようになった。ノルド・ストリーム社におけるガスプロム社のパートナーであるＥ・ＯＮルールガス社のようなドイツ企業は、ロシアへの依存を減らすため、欧州の天然ガス市場を自由化する試みに反対した。対ロシア関係の利害関係者の多くは経済界におり、ドイツ東欧経済関係委員会に代表される強力なロビーは、ドイツの対ロシア政策に重大な影響を行使した[27]。アレクサンダー・ラールといった影響力のあるアナリストは、ロシアと「特別な関係」を構築することがドイツの「運命」だと語っていた[28]。

それと同時に、ドイツは中国と一層緊密な関係を構築していった。中国は潜在的には、ロシアよりもより重要な経済的パートナーであった。シュレーダーは、自動車産業をはじめとする輸出促進のため、少なくとも年に一度は中国を訪問するようにしていた[29]。このことは、15億ドルに上るジーメンス、ティッセンクルップ両社による高速磁気浮上式鉄道の上海における建設プロジェクトをはじめ、数多くの大規模契約の締結につながったのである（同プロジェクトは一部完成したのみである）。

一方、シュレーダーは、中国政府による人権侵害については明白に沈黙を貫いた。シュレーダーは中国の人権問題について、「懲罰的措置」よりも「根気強い意思疎通」による、より「忍耐強い」アプローチをとると表現した。独中両政府は人権侵害について議論するより、法の支配を議論していると語った[30]。シュレーダーはまた、１９８９年の天安門事件以来、科してきたＥＵの武器輸出禁止の解禁を支持したのである。

メルケルが２００５年にシュレーダーの後継首相に就任した時、双方はともに大連立を組むキリスト教民主同盟（ＣＤＵ）と社会民主党（ＳＥＤ）の党首だったが、メルケルは価値に基づく外交政策への回帰を約束した。２００６年には「中国に対してより批判的な立場をとる勇気」[31]を見せた。

メルケル首相はその翌年、首相府でダライ・ラマと会見し、このことが独中関係を危機に陥れることになった。シュレーダー政権で首相府長官を務めたフランクヴァルター・シュタイマイヤー外相は、チベット問題に関する秘密書簡を中国外相に送り、対立状態の終結を試みた。この書簡は公開されることはなかったが、シュタインマイヤーは書簡の中で、チベットが「中国の領土の一部」であると認めたと報道された。ドイツが過去に表明した「一つの中国政策」に関する声明よりも、より明確なものだった。中国の国営メディアはこれを外交的勝利とみなしたのである[32]。

この危機が終結すると、メルケル首相は、シュレーダー政権下で始まった輸出促進のための外交政策に回帰したように思われた。メルケルはシュレーダーほどにはプーチンと近い関係ではなく、ロシアに対してより警戒的なアプローチをとったが、ノルド・ストリーム計画を推進し、ウクライナやジョージアのＮＡＴＯ加盟には反対し、ロシアとは「近代化のためのパートナーシップ」を支持した。メルケル首相もまた、シュレーダーのように年一回中国を訪問し、人権問題に関する公的批判を徐々に弱めているように思われた。ドイツ連邦議会外交関係委員会の委員の一人はこれを「新しいリアリズム」[33]と呼んだ。中国のアナリストや官僚は後に、メルケル首相は「理解」し、「より慎重」になり、「レッドラインがどこにあるのか」を学んだと評するようになった[34]。

シュレーダー政権下では、首相府は実業界の利害を促進することにより積極的で、例えば、海外訪問の際には多くの財界人を伴っていくようになった。あるドイツ人ジャーナリストは、外務省と世界各国にある２３０の大使館が自らを「輸出産業へのサービス提供者」と見なすようになった、と書いている[35]。ドイツがますます依存するようになった新興国経済の多くは、独裁主義的な政府で、経済の大部分を国家が所有しているため、ドイツ企業は契約の締結にドイツ政府職員の手助けを必要としていた。他方、ドイツの政治家は雇用を創出する企業を必要としていた。このため、経済的利害に突き動かされる形で、ドイツは徐々に、世界中で中国やロシアなどの独裁政権を持つ国々と緊密な関係を構築していったのである。

アンゲラ・メルケル首相（1954－　）
〔訳者撮影〕

この新しい輸出推進型の外交政策の着想は、シュレーダーとシュタインマイヤーのような社会民主党の中では、とりわけ東方外交（政策）にあった。東方外交は、ドイツ国内では依然として、大きな成功を収めた外交政策の一つとみなされ、冷戦の終結に西ドイツ（当時）が決定的で明確に寄与した政策と評価されてきた。事実、ドイツでは多くの人々が、より攻撃的な米国の政策というよりはむしろ緊張緩和政策が冷戦を終結に導いたと考えていた。このことから、多くのドイツ人が将来の政策のために引き出した教訓は、スティーブン・サボーが言うように「対話、外交、相互信頼、多国間主義が、手に負えないように思われる敵対者を扱う時の最善のアプローチである」[36]ということだった。東方外交はドイツの外交官にとって一種のモデルになっていた。ドイツの外交政策担当者は、中国やロシアのような独裁的国家とは対立よりも協力が必要だと果てしなく言い続けたのである。

しかしながら、ドイツが独裁的国家に対して一層追求するようになった政策は、現実には、東方外交とはかなり異なる様相を示した。東方外交は冷戦下で生まれたもので、小さな前進を重ねる政策を通じて再統一を実現する方策であり、ソ連を変容させるための方策ではなかった。エゴン・バールは、東西両ドイツ間の政治的・文化的結びつきを「編み続ける」ことを通じてソ連との緊張緩和を模索し、それは貿易だけを通じたものではなかった。東方外交は「接近による変化」という概念に基づくものだった。

しかし、ある時点で、この「接近による変化」が「貿易による変化」に矮小化《わいしょうか》されてしまったのである。シュレーダーが述べたように、「経済交流」は「社会の変革」[37]につながるという希望があるだけだった。このことは、ほとんどどのような状況においても正当化することができるスローガンであり、実質的にレッドラインのない政策だったのである。

新しい現実主義――イランの事例

ドイツの新しい現実主義的外交政策の顕著な一例は、イランに対する政策にみることができる。イランが2002年、少なくとも二ヵ所の秘密施設でウランを濃縮していることが判明し、国際原子力機関（IAEA）が調査を始めた。その後、西側がイランに対し、より厳しい経済制裁を科すのを難しくしたのは中国とロシアだった。ところが、イランに対する西側最大の輸出国であり、世界第三位の輸出国であるドイツは両国の経済関係のために、当初イランと対立することに消極的だったのである。こうした経済関係がもたらす梃子《てこ》の力があるため、ドイツは対イラン交渉に招かれ、最終的にはメルケルが首相に就任後により厳しい制裁を支持した。しかし、いずれの時点でも、こうしたより厳しい制裁を科す試みにおいて、ドイツは西側はもちろん、欧州をも主導することはなかったのである。

フィッシャー外相が（旧ユーゴスラビアの）コソボ自治州をめぐる議論において、アウシュビッツを「道具として利用したこと」が非難されて以来、このイランの事例は、ホロコーストがドイツの外交政策に関する議論において重要性を失ってしまっていることを示していた。

イラン政権が第二次世界大戦以降、とりわけアフマディネジャド大統領の下では、世界で最も公然と反ユダヤ的であるにもかかわらず、イランの核問題においてホロコーストはほとんど議論の対象とならなかった。例えば、ドイツはナチスの過去を持つため、イランが核兵器を入手することを阻止する特別な責任があるかもしれないと問題提起した人はいなかった。１９８０年代の平和運動にまでさかのぼる原子力発電と核兵器に対する強い反対傾向勢力があるにもかかわらず、ドイツ人は、イランが核武装する可能性よりも、例えば、イスラエルによる対イラン攻撃という形の戦争を恐れているように思われた。

より経済的観点を考慮した外交政策への変化は、ドイツが再統一後に置かれた戦略的環境の変化がもたらした、遅れてやってきた結果であった。これまで見てきたように、冷戦期には、ドイツは何よりも再建と安全保障を重視していた。しかし、再統一以降、これら二つの目標はほとんど達成された。自由民主党（ＦＤＰ）のラムズドルフが表現したように、ドイツは「戦略的に満足すべき」状態にあり、ビスマルクが統一後のドイツを表した「満ち足りた国家」という表現を思い起こさせることになった[38]。

このように、ドイツの外交政策は、最重要の戦略目標を欠いたまま、より経済的観点を考慮するものであることが規定路線になっていったのである。他方、再統一による課題と費用、グローバル化による競争はより大きな経済困難をもたらしたため、ドイツ政府は他の外交政策目標よりも経済成長を優先させるよう強い圧力を受けていた。

とりわけ、ドイツは、冷戦期にソ連という対外的な脅威に直面した時とは違って、もはや伝統的な同盟国やパートナーを必要としていなかった。何よりも、このことがドイツと米国の間の関係を変容させた。イラク戦争をめぐる米国との亀裂は西側への帰属意識を弱めた。バラク・オバマが２００８年に米国大統領になった後も、ドイツと米国の関係は完全に回復しなかった。事実、オバマ大統領は欧州の他のどこよりもドイツで人気が高かったが、オバマ大統領の人気が、例えば、ドイツにはアフガニスタンでもっと大きな役割を果たしてほしい、といった米国の政策に譲歩するということにはつながらなかったのである。

多国間主義の衰退――金融危機が証明したドイツ経済の正当性

ドイツのEUとの関係もまた冷えていた。EU拡大によりドイツが独自の立場をとることは難しくなっていたからである。安定・成長協定違反の事実が示すように、シュレーダー政権では、ドイツは独自の経済的利益を追求するつもりだった。フィッシャー外相は2000年5月、ベルリンのフンボルト大学での講演で、欧州統合の「完成」を訴え、このことがその後、欧州憲法の起草へとつながっていった。ところが、ドイツの世論はより欧州懐疑的になっていた。連邦憲法裁判所は2009年6月の画期的な決定において、EUの決定方式を合理化する試みであるリスボン条約を、オランダとフランスで憲法が拒否された後にもかかわらず承認した。しかし同時に、安全保障や財政、社会政策を含む数多くの分野において、さらに主権をEUに移譲することには制限を課したのである[39]。

従って、2000年代末までに、外交政策の柱の一つである多国間主義への関与はいくらか弱まった。多国間主義への関与は利他主義に由来するものではなく、むしろ、周囲との「摩擦」を伴うものだった。言い換えれば、抑圧されたパワー（国）が、何よりも主権回復や再統一という外交目標や野心を徐々に達成するための方法だったのである[40]。

ところが、多国間主義のアプローチはあまりに成功したため、数十年の間に、外交政策エリートにとっては一種の反射行動のようになっていた。この「反射的」な多国間主義は2000年代に、より

「場当たり的」な多国間主義へ変化していたのである。ドイツの政治家は党派を問わず、いつ多国間主義を利用するのかを選び取り、選択した。このため、ドイツはそうすることが適切な場合に多国間機構を利用し、そうでない場合には二国間交渉を選択したのである。

イランの事例が例証するように、ドイツの新しい輸出推進型外交政策はまた、ドイツで強まる武力行使への抵抗感にうまく合致した。１９９０年代以降、西側諸国は国際規範の遵守を求めるに当たり、必要であれば軍事力を利用することが増えていた。とりわけ、国連総会は２００５年、「保護する責任」という理論に合意し、国際法の一部となった。しかし、１９９９年のコソボから２０１０年のアフガニスタンに至るまでの国際介入は、中国のような国ではある種の「新帝国主義」として受け止められた[41]。しかしドイツの場合は「平和」の名の下に、武力行使への反対を正当化することができたのである。軍事介入への参加を回避することにより、ドイツはビジネスの障害になりかねない、とりわけリベラルな介入主義を嫌う欧州以外の主権主義国家との間の、価値観や安全保障問題に関わる論争を避けることができたのである。

このように、ドイツは２０００年代にシビリアン・パワーから「貿易国家」に変化しただけであるように思われた。シビリアン・パワーの最優先の外交政策目標は、上述した通り、国際法規範を発展させることを通して国際関係を発展、洗練させていくことにある。とりわけ、国際的正当性があり、かつ集団的安全保障による活動以外の武力行使を回避することにより、シビリアン・パワーは、国家が国内において軍事力利用を独占的に許されているように、多国間機構が国際的に独占的に許されるよう、その発展を支持することを目的とする。ところが、２０００年代に自国の経済がますます輸出に依存するようになると、ドイツの目標は国際関係の発展から、自国の繁栄追求に狭まったように思われた。多くのドイツ人にとって、そのことは誇るべきことだった。事実、ドイツ人にとって経済に専念することは、いかに過去のドイツと断絶しているのかを示すことのように思われたのである。

もし、ドイツにとってイラク戦争が戦争と平和に関する問題で独自の道を行く自信を与えた重要な出来事だとするならば、２００８年秋のリーマン・ブラザーズ経営破綻で始まった金融危機は、ドイツに経済問題でも同様に独自で行動する自信を与えた出来事だった。ドイツは、この金融危機が何よりもアングロ・サクソン資本主義の崩壊だととらえていた。

事実、この危機は米国で始まったが、ドイツ銀行やコメルツ銀行、ランデスバンク（ドイツ各州所有の銀行）などのドイツの銀行もサブプライムローン貸付に関与し、南欧においても不良債権があったことが後に明らかになった。それにもかかわらず、多くのドイツ人、とりわけ左派の人々にとっては、この危機は英国と米国が「新経済」と金融サービスに集中したことがいかに間違っていたかを見せつけるものだった。ドイツ人にとって、この危機は実質経済と輸出に中心を置く、ドイツの社会市場経済の正当性を証明するものだったのである。

「ドイツの道」を行く経済政策──「宿題」をやり終えた自信

この金融危機はまた、ドイツ人がアングロ・サクソンの経済学者と考えるケインズ主義への拒否を生み出した。社会民主党（ＳＰＤ）のシュタインブリュック財務相は、この危機が「信用融資の膨張」によって引き起こされたと考えていた。大連立政権は２００９年、いわゆる「債務ブレーキ」を導入し、ドイツ基本法を改正して、政府予算の赤字に上限を設定していた。この基本法改正により、連邦政府は２０１６年までに、構造的赤字（景気変動による調整済）を国民総生産の３・５％にまで削減し、また全16州政府も構造的赤字を２０２０年までに解消しなければならなかった。ドイツ人経済学者の一部はこれを「狂っている」と考えたが、そう考えたのは少数派だった[42]。この金融危機は、トゥーズがドイツの「反債務コンセンサス」[43]と呼ぶべき認識をさらに強化したのである。

ドイツに現れた反ケインズ主義は、ユーロ危機後に起きた議論の前兆となり、世界経済をいかに「再均衡」させるかについて、他の西側諸国との間で、激しい意見の相違をもたらすことになった。多くのアングロ・サクソンの経済学者は、ポール・クルーグマンが「ケインズが１９３０年代に叙述したものと、本質的には同種の状況だ」[44]と指摘したように、危機はケインズ主義の出番であると考えたのである。問題は需要の総和が足りないことにあり、従って景気刺激策が必要だと考えた。

ところが、シュタインブリュック財務相は２００８年12月、景気刺激策の必要性を主張したブラウン首相率いる英国政府を「愚かなケインズ主義者」と攻撃した[45]。これに怒ったクルーグマンはドイツ政府を「愚か者」と批判した[46]。

実際、英国政府を批判したものの、シュタインブリュック財務相はその後、米国の「自動車買替助成金」と同様の計画を含む景気刺激策を導入した。その結果、ドイツにおける自動車販売は増加したほか、景気低迷期でも自動車産業に従事する労働者に仕事を確保する「短時間労働」計画が動き出したのである。こうした景気刺激策と、４兆元（５８６０億ドル）に上る中国からの需要のお陰で、ドイツ経済は急速に回復した。中国の需要自体も、中国政府による景気刺激策の結果であった。

ところが、多くのドイツ人は、ドイツ経済が危機からうまく回復できたのは世界経済の回復というよりも、むしろドイツのやり方がうまかったお陰だと考えたのである。例えば、ＣＤＵのグロス元経済相は、ドイツが危機をこれほどうまく切り抜けたのは「奇跡」ではなく、「他の国々が脱工業化に走るなか、ドイツは製造業を死守したからだ」[47]と後に語っている。

上述したように、ハーバーマスは１９９０年3月、「ＤＭ（ドイツ・マルク）ナショナリズム」の出現を懸念していた。しかし、その直後、ドイツはドイツ・マルクを廃止し、ユーロを導入することに合意した。ところが、ドイツ経済が回復すると、とりわけ経済危機以降、ドイツの経済ナショナリズムは別の形で再度現れたように思われる。この経済ナショナリズムの新しい形は、世界を圧倒するドイツの輸出を中心とするものであり、経済的成功の象徴としてのドイツ・マルクに取って代わったように思われたのである。

ドイツは常に、「世界の輸出王者」（Exportweltmeister）であることを誇りに思ってきた。ところが、２０００年代には、輸出はドイツ経済の中心を占めるというだけでなく、ドイツの国家アイデンティティそのものになったようだった。ドイツはますます自国を輸出国家と認識するようになっていったのである。

ドイツのイラク戦争への反対、そしてシュレーダー首相の単独主義的なアプローチは、ドイツがシビリアン・パワーとする立場を損なうものではなかったが、ドイツが国益を経済面、とりわけ輸出によって定義したことは、それを損なっていた。国際的な法の支配による国際関係の発展と文明化のために、軍事的手段ではなく経済的手段を用いることは、経済的目標の追求、何より輸出促進とは異なり、19世紀の大国が軍事的手段を使わずに進めた重商主義を思い出させた。シビリアン・パワーの理論家であるハンス・マウルは後に、ドイツが輸出に「執着すること」は、シビリアン・パワーとしてのアイデンティティを損なうものであると指摘した[48]。

このように、２０００年代末のドイツには再度、勝ち誇ったような雰囲気が漂っていた。政治にせよ経済にせよ、とりわけアングロ・サクソン的思想に対する懐疑や侮蔑が徐々に広がり、それはドイツ人の思考において長い歴史を持つ反米主義に由来するものだった[49]。ドイツは自らの正当性を証明したように考えたのである。後に繰り返し言われるように、ドイツは長年の「宿題」をやり終えたかのようだった。多くの識者は、欧州の他の国々や世界各国がいまやドイツから学ぶべきであると論じ、１９７０年代にまでさかのぼる「ドイツ・モデル」という思想が再び登場したのである[50]。

事実、ユーロ危機以前からすでに始まっていたドイツのこの勝ち誇った雰囲気の中に、ドイツの使命という思想、すなわち、エマヌエル・ガイベルの１８６１年の詩に、〝ドイツ国家の本質はいつの日か世界にとっての救済になること〟と表現された思想があったのである。

第6章 欧州と世界

Europe and the World

「異なる共和国」と「歴史認識の低下」

ユーロ危機に対するドイツの対応の多くは、ドイツ再統一後に起きた諸変化によって説明できる。ドイツは結局、当時懸念されていた方向とは違っていたとはいえ、2010年初頭までに、1990年以前のドイツとは「異なる共和国」になったのである。

その外交政策は、継続と変化が複雑にまじりあったものとなった。再統一後の最初の10年間は、ドイツが軍事力の利用をとりわけ人道的介入の一部として受け入れ、ドイツの戦略文化はフランスや英国のそれのように収斂《しゅうれん》していったかに思われた。しかし、次の10年間には、犠牲者としての集団的記憶が侵略者としての記憶とますますせめぎ合うようになり、軍事力の利用への反対の声が再び強硬になった。とはいえ、ドイツはもはや、軍事力の利用を埋め合わせる「小切手外交」を実行することもできなければ、そうする意思もなかった。

ドイツは2010年、自国を「普通（正常）」の国だと見るようになっていた。エゴン・バールが思い描いた意味での「普通」であり、それは歴史家論争から生まれた極右の概念であり、左派が2000年代に修正して採用したものであった。バールのような中道左派の政治家やノルテのような右派の思想家の影響を通じて、ヘルムート・シュミットはかつて1981年に、ドイツの外交政策がアウシュビッツの「人質に取られている」と述べていたが、もはやそうあるべきではない、というコンセンサスが生まれていた。ドイツは、他の主権国家同様に、自由に自国の国益を述べ、それを追求すべきだとの機運が生まれていた。そうすることが他の西側同盟国やパートナーと意見が異なることになろうともである。はっきりとした「ドイツのやり方」という概念が再興していた。ドイツ・ナショナリズムが生まれた頃にさかのぼる概念である。ドイツのやり方は、とりわけ戦略や経済面で「アメリカ的方法」やアングロ・サクソンの概念に優るものと考えられていた。

政治的には、ドイツに対する制約は再統一以前より弱くなっていた。ドイツは当時、米国とNATOにソ連からの保護を依存し、戦後の経済復興の一部をEUに依存していた。しかしながら、経済的には、再統一以前よりドイツはより制約が増えていた。世界に冠たるドイツ製造業は、グローバル化による圧力を受けていたが、2000年代に調整を行うことにより、再び競争力を獲得していた。大部分は、賃金抑制と良好な対外環境が寄与した結果とはいえ、ドイツは強力な輸出競争力による経済的成功を誇りに思っていた。

しかし、ドイツの輸出ナショナリズムはまた、ドイツがユーロ危機を解決することを難しくした。

とりわけ、危機が勃発する頃までに、経済成長における輸出への極端な依存度は、欧州と欧州以外の国々に対する外交政策の優先事項の間で緊張関係を生んでいたのである。

２０１０年に始まったギリシャ危機により、ドイツはEUの歴史上前例のない地位に置かれた。複数の主権国家が関わる通貨危機における最大の債権国として、ドイツは債務諸国に対して債務を維持しつつ、利払いの減免で合意し、その代わりに諸条件を課すことができた。ギリシャのような債務を抱えたユーロ圏の国々は、理論上、加盟国が単一通貨ユーロを廃止し、自国通貨の平価を切り下げることができるはずだった。

しかし、ユーロ圏を離脱するメカニズムが用意されていなかったことも要因の一部となり、それは債務国にとっては破滅を意味した。ジョージ・ソロスが２０１２年9月に、ドイツは指導力を発揮できないのであれば、ユーロ圏を去るべきだと主張したのはこのためである[1]。ギリシャのような債務超過国はこのため、ドイツの要求を受け入れるしか他に選択がなかった。ドイツの要求は、独特の危機管理理論に基づいていた。

何よりもドイツは、ユーロ危機はドイツ以外の国々によって引き起こされたものだと見なしていた。２００３年に安定・成長協定（ＳＧＰ）の諸条件を初めて守らなかったのはドイツだったのにもかかわらず、ドイツはこのユーロ危機は財政に無責任な他国によって引き起こされたものだと見なした。２００９年6月時点で、ギリシャはドイツの諸銀行に３８６億ユーロの債務残高があり、ドイツの各銀行は好景気の時に、ギリシャをはじめとする債務国に無責任な貸し付けをしたにもかかわらず、自国がこの危機で果たした役割を認識しなかった。単一通貨が導入されることになった再統一当時の国際環境を認識しなかったことは言うまでもない[2]。

要するに、ドイツは自国をユーロ危機の被害者だと見なしていた。2000年以降の10年間にドイツでは被害者としての集団的記憶がより強まっていたことによって、この被害者感情はより強められた。フィッシャー元外相は南ドイツ新聞に2010年3月に寄稿した記事で、ドイツにおける「歴史認識の低下」が見られると嘆いている[3]。

ドイツにおけるユーロ危機の分析には、この犠牲者としての感情が色濃く反映されていた。「超国家的」と見なされていた国にしては奇妙なことだが、ドイツはユーロ危機の原因を国家にあると厳しく見る傾向があった。普通のドイツ人の間でも、政界でも、経済アナリストの間ですら、ユーロ圏諸国の経済をそれぞれ個別にみていた。ユーロ危機は、不完全な共通通貨制度の中におけるユーロ圏諸国間の相互取引というよりはむしろ、財政赤字諸国における単なる財政規律の欠如によって引き起こされたと見なしていた。とりわけ、2000年代以降の改革後のドイツ経済が他国に及ぼした影響を見ようとはしなかった。

ユーロ危機にはマクロ経済と同様ミクロ経済的側面があることを認識せず、貿易黒字がマクロ経済的不均衡の問題の一部であるとは認識しなかったのである。

ユーロ危機後――メルケル政権の三原則

ユーロ危機に関するドイツの説明において、メルケル政権は三つの原則に基づいて政策を策定した。第一に、なによりも、ドイツはEUが「財政移転の連合」、つまり、財政規律を守った国家が財政に無原則な国家のために支払いを行うEUになることを予防しようとした。第二に、しかしながら、ユーロの崩壊を予防しようとした。これは特に、ドイツ・マルクに比べてユーロが弱い通貨であるため、ドイツの輸出産業が利益を享受していたからである。第三に、ドイツは物価安定の維持を追求していた。つまり、インフレになればドイツ輸出産業の競争力が低下し、ドイツ人の貯蓄の価値が減るため、インフレを予防しようとしたのである。問題は、ドイツはこれらすべてを同時に確保することはできない、ということであった。ユーロ危機が翌年以降数年間にわたって深刻化すると、ドイツはこれらの三原則とは別の方法で対処することを迫られた。

２０１０年春、ドイツが当初ギリシャに緊急援助することに消極的だったのは、「財政移転の連合」が生まれることへの恐れからだった。メルケル首相はマーストリヒト条約第１２５条を取り上げ、同条項が緊急援助を明示的に禁止していることを指摘した（他の条項を使うこともできたと指摘する声も一部に出た）。

しかし、同年5月、切迫したギリシャがデフォルトに陥る可能性を防ぐため、メルケル首相はしばしば７５００億ユーロの支援政策パッケージと、危機的状況にある国々が資金援助を受けられる「欧州金融安定ファシリティ」（ＥＦＳＦ）の創設に合意した。メルケル首相は他方で、いわゆるトロイカに、欧州委員会と欧州中央銀行（ＥＣＢ）に加えて国際通貨基金（ＩＭＦ）の関与も求めることを含む厳しい条件に固執したのである。ギリシャは劇的な国家予算削減と賃金削減を要請される一方、ドイツはギリシャが内需喚起のための措置を採るよう執拗に要求したのである。このため、ドイツのアプローチは非対称的な調整方法となり、ＥＵの「周辺国」ではデフレーションが起きる一方、「中核国」ではインフレーションが起きないというものであった[4]。

その翌年には、ギリシャ危機はユーロそのものの危機に転じた。ギリシャ危機が始まるまでは、加盟各国政府の債務がほぼ同じ水準にあるとみていた金融市場は、今やデフォルトの危険はギリシャだけでなく他のユーロ圏の国々にもあると見なすようになった。ドイツがユーロ圏のいわゆる金融ファイアウォール（防火壁）の増強に反対すると、EU創設国の一つであるイタリアをはじめとする各国の国債利回りは支払い不能な水準にまで上昇した。多くの経済専門家が、いわゆるユーロ債という形で債務を相互保有することだけが唯一の解決方法だと考えるようになった。

しかし、「モラル・ハザード」の問題を痛切に感じていたドイツの政治家は、債務国家に構造改革を迫り続ける必要を感じており、債務の共有化については故意に曖昧にし、このためイタリアをはじめとする債務国の政府債の利回りは持続不可能な高水準に戻ることにつながった。ドイツはユーロ圏の財務規律強化に債券市場を利用したのである。

メルケル首相によるユーロ危機への厳しい対応に古典的な大国間の駆け引きの再来を見る者もいた。ドイツ最大の購読者数を誇る「ビルト」紙は、2010年3月にメルケルが緊急援助に反対した時、メルケルをビスマルクになぞらえた。しかし、メルケルが5月に緊急支援政策パッケージに合意すると、ドイツは「欧州の大馬鹿者」だと宣言した。歴代の首相らは、メルケルが西ドイツの外交政策を貫いてきた原則を離れて、それ以前のドイツの政策に立ち戻ろうとしているのではないかと懸念した。2010年6月、シュミット元首相はドイツ政府のフランスに対する姿勢を「ヴィルヘルム的な尊大さ」[5]と批判した。2011年には、メルケルのかつての庇護者であったヘルムート・コールですら「すべてを投げ捨てる」[6]ことの危険について警告した。

ユーロ危機によって、ドイツの発言権が欧州において強まっていることが明らかになる一方で、ドイツは西側以外の新興国と緊密な関係を発展させていった。ドイツ外務省が後に「秩序形成パワー」[7]あるいは「グローバル化を形成する力」と呼ぶものである。とりわけ、ユーロ危機以来、中国とドイツの関係は一層緊密になった。欧州内部の需要に陰りが見え始めると、中国への輸出がドイツ経済にとってますます重要になった。2011年に中国はドイツの全輸出額の7％以下に過ぎず、ドイツ第三位の輸出市場だったが、欧州以外ではドイツにとって最大輸出市場である米国を、またフランスをもすぐに抜くだろうと予測されていた。ある予測によれば、中国への輸出は130億ユーロ相当[8]で、2011年のドイツ経済成長率に0・5％増の寄与をしたという。

中国と蜜月関係の中のギリシャ危機

こうしたますます緊密になる経済関係の背後で、ドイツと中国の政治的関係も緊密化した。2010年6月には、中国の温家宝首相が13人の閣僚を引き連れてベルリンを訪問し、いわゆる政府間対話や事実上の共同閣議を行った。ドイツはそれまで、フランスやイスラエルといった国、より最近ではインドと同種の会合を開催した。しかし、中国がそのような政府間交渉メカニズムをEU加盟国との間で設立したのは初めてであり、EUにおけるドイツの重要性を如実に示したと言える。ドイツはいまや、中国にとって欧州の最大重要国となったのである。

フランスとオランダで2005年に欧州憲法が拒否された後、中国はすでに欧州に対するアプローチを修正していたように思われた[9]。それ以降、EUが中国のような大国に対し、より一貫性のある戦略的なアプローチを発展させることを目指して、新しいEU外相（欧州連合外務・安全保障政策上級代表）や外交機関（欧州対外活動庁）を創設したにもかかわらず、中国はEU諸機関よりはむしろ、加盟国に焦点を当てるようになった。

ドイツは、EU外相が中国に対する「包括的な」アプローチを発展させられるよう支持したが、ユーロ危機は、大きくなったドイツの存在感、弱体化したフランス、周辺に追いやられた英国を生み出したようにみえた。このため中国外務省はその現実を踏まえて、EU内ではドイツに接近したのである。ある中国政府職員は「ブリュッセルで何かしたいならば、ベルリンに行くべきだ」[10]と語っている。

中国とドイツの二国間関係はまた、2008年の世界金融危機以降、両国が同じ側に立っていることに気が付いたことで強化された。つまり、グローバル経済の議論に関しては、両国は米国とは反対の立場にいたのである。これは、国際秩序において両国が果たす、どこか相似する役割に基づいた共通の経済的利害の結果であった。中国とドイツでは人口や経済発展の程度において大きな差異があったが、両国の経済には構造的な類似性が見られたのである。マルティン・ヴォルフは世界の輸出を牽《けん》引《いん》する両国の国名を組み合わせた「チャーマニー」[11]という造語を生み出したほどである。

このような構造的類似性を基に、中国とドイツはいくぶん類似のマクロ経済政策を採っているように思われた。デフレ圧力をかけ、経済不均衡を正そうとする圧力に抵抗したのである。このため、危機後には独中連携とも呼ぶべきものが生まれた。

中国もドイツも、金融市場や世界経済ガバナンスを改革したいという共通の希望を持っていた。シュレーダー首相と温家宝首相が2004年に両国の「戦略的パートナーシップ」を締結し、2010年に出された共同コミュニケにおいて、両国は二国間関係が国際金融・経済危機を克服しようとする試みの結果から強化されてきたと述べている[12]。両国によれば、世界第三位と第四位の経済大国として、重要な貿易輸出国として重要な利害を共有し、とりわけ「現実経済」に対して多大の価値を付与していると述べたのである。ドイツはまた、EUを通じて中国が市場経済の地位を獲得する試みを「積極的に支援する」ことを約束した。

中国、ドイツ両国の危機に対するアプローチは、米国が同意できないものだった。債権国としての両国は、危機を克服するための方策として米連邦準備制度理事会（ＦＲＢ）による量的緩和策の実施に批判的だった。逆に、２０１０年に韓国のソウルで開催されたG20サミットにおいて、中独両国は経常収支黒字を制限しようとする米国の方針に反対した。ノーベル経済学賞受賞者のジョセフ・スティグリッツは、２０１０年のインタビューで「中国が問題だと思う人はみな、ドイツが問題だと認識する必要がある」[13]と述べている（実際、ドイツは間もなく中国より「問題」となった。中国の貿易黒字は、ピークだった２００８年の３０００億ドルから２０１１年には１５５０億ドルにまで下落したのである）。

さらに、中国のアナリストは、両国間の連携の潜在性を拡大することにより、両国の共通性を感じ取っていた。中国が新興のグローバル・パワーであるように、ドイツも欧州の中で成長する大国である、というのである。両国は共に過去において、それぞれ異なった理由から世界で指導力を発揮したり、責任を引き受けたりすることに消極的だった。しかし、危機が両国に対する期待を高めており、両国ともにそうした期待に居心地の悪い思いをし、また、いくぶん類似の理由でとりわけ米国からの批判の対象となった。中国のアナリストたちは、両国が接近したのは温家宝首相とメルケル首相の時期のことであると指摘する。あるアナリストは「我々は似たような状況に置かれている」と語った[14]。

ドイツが経済成長を過剰に輸出に依存していることと、中国をはじめとする国々の需要にますます依存するようになったことは、ドイツを身動きがとれない状況に置いた。欧州内での対外不均衡を修正するために、ドイツは他のユーロ圏の国々との関係において競争力を弱めなければならなかった。

しかし、ドイツ製造業が欧州以外の新興国からの増大する競争に直面していたため、輸出依存型経済モデルの成功は、競争力を維持することができるか否かに依存していた。ドイツは、より高い競争力を獲得するためには欧州において赤字国を必要としたが、ドイツはそれを受け入れなかった。この結果、ドイツ自体の競争力を弱めなければならなくなることを意味する。一方、より強いドイツや北部欧州の通貨を導入すればドイツの輸出競争力を弱めるため、ユーロをやめることはできなかったのである。

メルケル首相が危機に対して曖昧なアプローチをとり、ますます中国といった国々と緊密な関係を築いていたことから、ドイツが欧州にそっぽを向き、新しい世界政策を追求しているかもしれないと考えるアナリストもいた。ドイツ経済が部分的に周辺国からの資本投資に助けられながら好況に沸き、他のユーロ圏諸国が苦しんでいた時に、ドイツが自国だけで「グローバル化する」[15]可能性があると考えた。ドイツの大規模・中規模企業が新興国経済の高い経済成長率に関心を集中させる中で、とりわけドイツ企業のユーロ圏への関心は薄れていくように思われた[16]。しかし、19世紀のように、ドイツの地理的状況を考えれば、欧州を放っておくことができると考えるのは幻想に過ぎなかった。新興国への輸出は増えていたとは言え、輸出市場としてだけでも、ドイツは欧州を必要としていた。通貨の価値を低いままにしておくためにも、欧州は必要だったのである。

このため、2011年の夏から、メルケル首相は危機に対してより予防的なアプローチをとり始めた[17]。メルケル首相の顧問は、ギリシャのような一国によるユーロ離脱が他の国へ波及したり、ユーロ圏の崩壊を引き起こしたりしないという可能性を保証できなかった。そうなれば、ドイツにとっては壊滅的になる。このためメルケルは、より多くの財政的負担を引き受け、ドイツが負う欧州の債務が増えることになろうとも、ギリシャをユーロ圏にとどめることに決めた。

しかし、一方で「より多くの欧州」を呼びかけながら、ユーロ債という、オープンエンド型の負債の相互化を拒否し続けた。２０１１年９月、ドイツ連邦憲法裁判所はギリシャの緊急援助と欧州金融安定ファシリティ（ＥＦＳＦ）の創設を承認したが、オープンエンド型の負債の相互化が基本法に抵触するとの判決を下した。言い換えれば、ドイツは基本法を修正しない限り、負債の相互化に関して、これ以上先に進むことはできないことになったのである。

その代わり、ドイツは政府債務の削減と欧州の「競争力」の改善に焦点を当てた。アイルランドやスペインなどの国々では、少なくとも危機が始まるまで、問題となっていたのは公的債務というよりは、過剰な民間債務であった。しかし、ドイツ人はその問題をギリシャのプリズムを通して見続けていた。ポール・クルーグマンがユーロ危機に関するディスコースの「ギリシャ化」[18]と呼んだものである。このため、２０１１年には、ドイツはドイツ人が何よりも債務危機として受け止めているものを解決するための一連の措置を実行した。すなわち、財政的な無責任から引き起こされた債務危機である。

より「ドイツ的」になったEU

いわゆるシックス・パックと呼ばれる措置の一部として、ドイツは新しいマクロ経済不均衡措置を導入し、それは財政黒字よりも財政赤字に厳しいものであった。欧州理事会が２０１１年12月に合意した財政協定は、ユーロ圏諸国すべてに対して、ドイツが２００９年に可決した、政府に均衡財政の維持を義務付けた憲法修正と同様の法案を施行するよう義務付けたのである。

このユーロ圏における長きにわたる協調緊縮財政の影響は、ギリシャをはじめとする国々の痛みを増大させるものだった。２０１２年末のギリシャ経済は２００７年よりも20％縮小していた。しかし、これは、多くのエコノミストが根本的問題だと見なしていたボンドスプレッド（債券利回り格差）問題を解決しなかったのである。不良銀行とソブリン債務との間によるフィードバックの連鎖が倒産をもたらすだろうことは自明であるとの主張がなされた。欧州中央銀行（ＥＣＢ）はその連鎖を断つため、いくつかの措置を採った。とりわけ、マリオ・ドラギ氏は２０１１年にＥＣＢ総裁に就任すると、新しく国債購入計画、いわゆる長期資金供給オペレーション（ＬＴＲＯ）を導入した。

しかし、２０１２年の夏までに、ドイツ国債の利回りが記録的低率まで低下する一方で、イタリアとスペインの国債利回りは再び持続不可能な水準に達したのである。２０１２年6月の欧州理事会の数日前、メルケル首相は自分が生きている限り、ユーロ債はあり得ないと宣言した。

その数日後の欧州理事会では、フランスのフランソワ・オランド新大統領、イタリアのマリオ・モンティ新首相、スペインのマリアノ・ラホイ首相が一致して、ドイツに反対した。危機的状況にある国々の銀行に直接資金を投入するため、欧州金融安定ファシリティを引き継ぐ、欧州安定メカニズム（ＥＳＭ）を導入することで合意した。欧州の多くでは、ＥＳＭは不良銀行とソブリン債の間の連鎖を最終的に断つ画期的措置と受け止められたが、ドイツでは敗北と考えられ、シュピーゲル誌は「メルケルが負けた夜」[19]と表現した。

ドラギ総裁は翌月、ロンドンでユーロを維持するため「あらゆる必要な措置」をとると表明した。ドラギ総裁はその直後、ユーロ圏国債のスプレッドを解消する目的で、流通市場において無制限に国債を購入するプログラム、いわゆる「新規国債買い入れプログラム」（ＯＭＴ）を発表した。欧州中央銀行理事会の23人のうちOMTに反対した唯一の理事である、ドイツ連邦銀行のヴァイトマン総裁をはじめとする多くのドイツ人はこの時、欧州の負債の相互化が忍び寄ってきていることを知った。ドイツが危機の勃発当初から回避しようとしてきた「財政移転連合」が日の目を見ようとしていたのである。

多くのドイツ人はまた、ドラギのとる措置がインフレの誘因となり得ることを懸念した。しかし、多くのアングロ・サクソンのエコノミストは、デフレの方がインフレより危険度が高いと考えていた。シュピーゲル誌は2012年8月の巻頭特集で、ユーロ圏のインフレ誘因となる金融政策は、徐々にドイツ人の預金の「没収」につながると警告した。この用語は、第三帝国時代にナチスがユダヤ人の財産を没収したことを思い出させる言葉だった[20]。

ヴァイトマン総裁は2012年にフランクフルトで行った特別講演において、ドラギ総裁を暗示的に悪魔にたとえた。ゲーテの死の180回忌の行事において、ヴァイトマンは『ファウスト』第二部の第一幕で、メフィストフェレスが紙幣を印刷するよう皇帝を説き伏せた「お金の創造」の場面に言及し、それが破壊的な結末に終わったことを思い起こさせた。ヴァイトマンは、ゲーテが「今日の紙幣を基礎にする金融政策の問題の本質」と、「紙幣の創出、国家による金融とインフレの潜在的に危険な相関関係」[21]を正しく認識していたと述べたのである。

ユーロ圏はまだ十分に統合できていないと考える人は多かったが、ユーロ危機は2012年末までに、メルケル首相や他の親欧州派が呼びかけていた「より多くの欧州」[22]を生み出していた。危機は、(経済だけではないが)とりわけ経済に関して加盟国が欧州レベルに権力を移譲するという、加速度的な統合過程をもたらすことになった。その過程は他の状況下では考えられないことだった。

欧州理事会議長（EU大統領）のファン・ロンパイは2012年の夏、銀行同盟、財政同盟、さらに政治同盟を含む「純粋な経済・通貨同盟」に向けた一連の「基本構成要素」の概要を説明した[23]。メルケル政権の中で最も「親欧州派」とみられていたショイブレ財務相は2012年10月にオックスフォード大学で行った講義の中で「ユーロ危機はEUを無に帰するどころか、EUの推進に一役買っている」[24]と語った。

しかしながら、ユーロ危機以降にとられた措置は、欧州統合における以前の段階でとられていた措置とは重大な違いがあった。1950年のシューマン・プランから始まった欧州統合は、国家主権を強制的に移譲するというよりは、自発的な移譲に基づいていた。しかしながら、ユーロ危機以降に起きたことは、主権の強制的移譲と自発的移譲の中間に位置付けられるものであった。

技術的には、加盟国は過去と同様の方法で欧州連合に主権を移譲することに合意していたが、どの国も一層の統合を強制されているわけではなかった。しかしながら現実には、ユーロ圏加盟国はEUレベルに主権を移譲する以外の選択の余地がほとんどなく、メルケルをはじめ欧州のリーダーたちも繰り返し、他には選択肢がないことを語っていたのである。その意味で、「銃口を突き付けられた欧州統合」と呼ぶことができるかもしれない。

通貨同盟の制度的欠陥を修正するため、ドイツが主導したEUは、はるかに厳しい規約と執行体制を導入した。ユーロ危機は劇的な形でマーストリヒト体制の欠陥を明らかにした。単一通貨が導入された地域を経済的に収斂させていくため、フランスとドイツは事実上、安定・成長協定を一時停止した後、同体制の改革を2005年に実施させていた。

それにもかかわらず、ドイツに率いられたユーロ圏諸国は、マーストリヒト条約によって決められた規則の体制を拡大強化するとともに、執行体制を強化しようと試みた[25]。ユーロ危機により財政協定として蓄積され、危機以降に取られた各種の措置に基づいて、マーストリヒトⅢ体制が生まれた。同体制は二つの前体制に比べ、より介入的で厳しい条件を課しており、またEUにおけるより大きな均質性を課したのである。

このため、危機から生まれたものは、それ以前より強制力を伴うものだった。言い換えれば、強制力がより大きな役割を果たすことになった。その結果、加盟国間（貿易黒字国と赤字国との間で）と加盟国内（政治エリートと一般国民の間で）で緊張関係を生んだ。とりわけ、欧州中央銀行、欧州委員会、国際通貨基金によるアドホック・グループであるトロイカは、ギリシャをはじめとする危機に瀕した国々に緊縮財政を課し、一種の占領軍のように受け止められた。

このより強制力を伴うEUは、その創設の父たちが思い描いたヴィジョンとはかけ離れた世界のように思われた。２０１１年12月のEUサミットで財政協定が合意された朝、イアン・トレイノールはガーディアン紙への寄稿で、ユーロ危機から生まれたものは「罰則と罰金と規律と怒りに満ちた喜びのない連合」[26]だったと記した。

欧州はより強制的になったのと同様に、よりドイツ的になった。ドイツは徐々に欧州の債務により大きな責任を引き受けるようになるにつれて、より統制範囲を広げようとした。このため、ドイツがユーロとEUに対して明確により大きな責任に果たそうとするのを見て、多くの人々はほっとする反面、その新しいアプローチはある意味で、ドイツという国に対する不安をかき立てたのである。ドイツは自国の歴史から得た教訓に基づいて、前例のない権力を行使して、ユーロ圏に自国の経済的政策選好を課した。端的に言えば、ドイツは自国の歴史を一般化し、欧州を自国のイメージ通りに作り替えようとした。こうしたアプローチの結果、ギリシャやイタリアなどの財政赤字国では、このアプローチで課されたより厳しい条件は、ＥＵが課したというよりはドイツが課したように受け止めたのである。ＥＵを一つの加盟国（であるドイツ）と同列視する前例のない見方は、条件の適用を困難にし、抵抗を大きくさせてしまった。そして、第二次世界大戦の集団的記憶を呼び起こすことになったのである。

武器輸出と「シビリアン・パワー」

ドイツのアプローチを一種の経済帝国主義とみる者もいた。とりわけ、ユーロ危機の発生当初からドイツが固執した、ドイツではインフレを起こさずに周辺国ではデフレを容認するという非対称的な調整過程を指摘する批判もあった。ヴォルフは２０１２年５月に「これは通貨同盟ではない。はるかに帝国的である」[27]と書いた。ソロスは、ユーロ危機に関する議論で、中心国と周辺国という、地理的関係というよりはむしろ帝国の国際関係を叙述するのに利用される用語が使われていることを指摘した。そして、永久に黒字国と赤字国に分けられた欧州が出現する危険性を指摘し、「周辺国を後背地とするドイツ帝国」[28]への警告を発したのである。言い換えれば、ドイツが欧州を捨てる危険というよりは、過去がそうであったように、ドイツが欧州を支配する危険性である。

しかしながら、かつてハミルトン米財務長官が１７９０年にしたように、一時的ではあったが、ドイツが残りの欧州諸国と大交渉をまとめるため、債務を引き受ける用意があるかのように思われることがあった。政治同盟のために全債務を引き受けるという取引である。

２０１２年下半期には、欧州連合条約の大胆な修正やドイツ基本法第１４６条に基づく国民投票が必要となるような政治同盟に関する議論が盛んに行われた[29]。国民投票は、ハーバーマスが１９９０年の再統一時に実施を呼びかけていたものだった。しかし、そうした手法は困難に満ちていた。フランスをはじめとする他のユーロ圏諸国が、まだ定義すらされていない政治同盟に合意するかどうかはっきりしなかっただけではなく、ドイツが支持するかどうかも不透明だった。13年初頭までに、ドイツは政治同盟に背を向け、銀行同盟も骨抜きにした。ＯＭＴによって危機がそれほど緊急ではなくなり、ドイツに対する圧力も弱まったからである。このため、欧州におけるドイツという問題は未解決のまま残ったのである。

しかしながら、ドイツのユーロ危機への対応により、ドイツが欧州において、より支配的になっているとの認識が強まる一方、ドイツは国際的危機の解決のために、その資源を拠出するよう求める圧力に抵抗し続けた。とりわけ、国の規模に応じて欧州安全保障への貢献を増大させるよう求める圧力には抵抗し続けていた。防衛予算は国内総生産の１・３％と比較的低い水準にとどまっていた。これについてはある程度、欧州全体の傾向でもあった。ゲーツ米国防長官は例えば、２０１０年に「欧州の非軍事化」[30]について述べている。それにもかかわらず、フランスや英国などの他の欧州諸国は――フランスについてはドイツからの圧力を受け――、危機への対応として財政健全化を図るため防衛予算を削減したが、それでも両国はドイツより国内総生産の割合でいえば、ドイツよりもかなり大きな割合を防衛費に拠出し続け、世界に国力を投影させせようとしていた。ゲーツが懸念していたように、ＮＡＴＯが「二段階」に分かれているだけでなく、ＥＵも安全保障の提供者と消費者の「二段階」に分かれる危険性があったのである[31]。

ドイツの安全保障への貢献が、多国間主義においてすら、どれほど消極的かを最も劇的に例証しているのは、リビアのカダフィ大佐率いる軍隊がベンガジにおいて民主化勢力を大量虐殺することを阻止するための軍事介入に関する国連安保理決議に、ドイツが棄権した事例である。ドイツは棄権により、米国だけでなくフランスとも袂《たもと》を分かったのである。その意味では、２００３年のイラク戦争をめぐるドイツのメタレベルの政策選好の時よりも、劇的に袂を分けたことになる。

ドイツはまた、地中海におけるＮＡＴＯのミッションに参加していた70名の早期警戒管制機（ＡＷＡＣＳ）要員を引き揚げた。このリビア危機に対するドイツの姿勢は、その20年前のコソボ紛争への軍事介入に対する姿勢とは際立った対照をなしている。リビア危機ではミッション参加を拒んだだけでなく、軍事介入に対する支持すら拒み、１９９９年のアライド・フォース作戦への関与を正当化する際に使われたホロコーストの過去が全く議論されなかったからである。

その数週間後、ドイツ政府が秘密裏にサウジアラビアに戦車レオパルドⅡを２００両売却するという15億ユーロの取引に合意していたことが明らかになった。サウジアラビアは3月、民主化を求める反政府活動家を鎮圧するためバーレーンに軍を送っていた[32]。リビア危機における棄権とサウジアラビアとの取引という事例は、アラブの革命に対するドイツの外交政策の緊張関係を示していた。しかし、実はサウジアラビアへの戦車売却は、ドイツの武器輸出におけるはるかに大きな取引の一部に過ぎなかったのである。ドイツはアラブ首長国連邦に対する武器輸出、アルジェリアに対する小型駆逐艦と装甲兵員輸送車フックスを含むさまざまな武器システムの売却など12億ユーロの武器売却を承認した。シュピーゲル誌は後に、介入はしないが武器は売却するというこの方針を「メルケル・ドクトリン」[33]と呼んだ。当局者は、この目的は何よりも、他の西側諸国が予算を削減している時に、ドイツの防衛産業の能力を確保することだったと語っていた。

武器輸出は常に、ドイツのシビリアン・パワーとしてのアイデンティティにおいて一種の盲点であった。ドイツは、外交政策の道具として軍事力の行使を拒否してきたが、日本とは違って武器輸出を続けてきたのである。

ドイツは2000年に、武器輸出の制限に関する新しいガイドラインを決めたが、2000年代に好況を享受していた他のドイツの輸出産業とともに、武器輸出産業も好況に沸くことは制止されなかった。2006年から2010年までの期間に、ドイツは、米国、ロシアに次ぐ第三の主要通常兵器輸出国であった。ドイツは世界市場の11％を占め、フランスが7％、英国が4％だった[34]。2011年、ドイツの武器輸出許可額が初めて50億ユーロに達し、そのうち42％は非NATO諸国向けだった[35]。言い換えれば、ドイツの他の輸出産業が新興国経済にますます依存するようになっていったように、ドイツの武器産業も同様に、その多くが非民主的な新興国に依存するようになっていったのである。

このため、ドイツの外交政策は欧州内と欧州外とでは、明確な対照をなした。欧州内では自国の主張を強める一方、欧州以外の世界各地では不思議なほど自己主張を控え、経済規模に見合った役割を果たすことには消極的であった。ドイツの外交官は、イラクや他の地域における西側の軍事介入の失敗を指摘し、ドイツの非対立的な方法の方が優れていると語った。ドイツの外交官らは新興勢力を「グローバル化を形成する力」と捉え、グローバル・ガバナンスを改善する二国間関係として、そうした国々と「戦略的パートナーシップ」を発展させることができると考えていた。言い換えれば、多国間主義に取って代わるものではなく、多国間主義へ向かう一つのステップだったのである。何より、EUに代表される地域統合のモデルを推進することができた。むろんその一方で、自動車や武器を含む機械の輸出も促進することができたのである。

欧州内である外交政策を追求する一方、他の地域では別の外交政策を進めるという考え方には、ある論理があった。英国のシンクタンクであるデモスが1999年に刊行し、大きな影響力を持ったパンフレットの中で、英国の外交官であるロバート・クーパーはウェストファリア的な「現代の世界」と、ポスト・ウェストファリア的な「ポスト・モダンの世界」を区別した。前者は古典的諸国家、国力と軍事力の均衡からなる世界であり、後者は国内問題と外交問題の区別が曖昧で、集団的安全保障が勢力均衡に取って代わり、軍事力の行使はもはや正当な道具ではなくなった世界である[36]。

EU加盟国は「ポスト・モダンな大陸に生活するポスト・モダンな諸国」である一方、残りの世界は「現代」のままだという。このため、欧州人は「二重基準の概念に慣れなければならない」という[37]。欧州人は法と相互協力的な安全保障を基礎に行動できるが、他の「現代」の諸国家との対応では、「以前の時代のより粗暴な方法」、とりわけ必要があれば軍事力を含めて、立ち戻る必要があるというのである[38]。

ところが、ドイツの外交政策は奇妙なことに、クーパーが提案したもののほぼ正反対のように思われた。言うまでもなくEU加盟国は欧州内部で軍事力を行使し、あるいは行使すると脅す国はなかった。欧州外では、ドイツはフランスや英国よりも軍事力を行使することに消極的だった。しかしながら、ユーロ危機が発生すると、ドイツはもう一つのハードパワーである経済力を、欧州の国々に言うことを聞かせる方法として利用する用意があったのである。ドイツが1945年以前に常に膨張主義的政策をとっていたその欧州においてである[39]。

他方、欧州以外の地域では、ドイツは軍事力の行使を拒否するだけでなく、戦略的目標を達成する手段としての経済力の利用すらも拒否していた。そして、頼りにできるのはソフトパワーだけだと考えていたようだった。まるで欧州外の世界は輸出市場以外の何物でもないと見ているかのようであった。

ドイツはもはやシビリアン・パワーとして説明することができなかった。再統一以前、あるいは再統一後の10年間であれば、ドイツの外交政策は日本と並び、ハンス・マウルが説明したように、理想主義的な典型的な政策にどの国よりも近かったと言える。しかし、２０００年代にドイツの多国間主義は弱まり、ドイツは経済目標の追求に基づいた現実主義の外交政策を追求するようになった。

ギリシャ危機が起きた後になされたビスマルクとの比較は、ドイツが今一度、旧来型の大国になったことを示唆していた。それでも、ドイツは19世紀の好戦的で、膨張主義的外交政策に立ち戻りつつあるようには全く見えなかった。実は、ドイツとそれ以外の欧州諸国との間の認識のずれの理由の一つは、ドイツは軍事力の行使を拒否することにより、過去とは決定的に決別しているとドイツ人が考えているということである。

このためドイツは再び、パラドックスになった。ドイツは強力でありながら弱いのである。実は、ドイツ統一後の19世紀後半には、外部からはドイツは強大であると受け止められていたが、多くのドイツ人は、ドイツが傷づきやすい状況にあると感じていた。ドイツは「指導力を発揮」したいとは考えておらず、負債の相互共有を拒むと同時に、より「競争力がある」欧州にするために、欧州を自国のイメージに作り替えようとしている。ドイツの国力は、経済的な自己主張の強さと軍事力行使の拒否という不思議な組み合わせに特徴がある。ドイツは欧州内部では自国の政策選好を他の加盟国に受け入れさせるために、ますますその経済力に物を言わせるようになっており、その意味ではドイツは「普通の国」となった。しかし、フランスや英国が持つ、欧州以外で国力を誇示しようという野心はほとんどなく、欧州以外では何より、より多くの自動車と機械類を売ろうとする一方で、とりわけ軍事力の行使を拒否しており、その意味ではドイツは「普通ではない」なのである。

〝地経学〟大国ドイツ

このドイツの逆説的な国力を理解する一つの方法に、エドワード・ルトワックが提唱した「地経学(geo-economics)」がある[40]。ナショナル・インタレスト誌に１９９０年に発表したエッセイで、これはマウルがドイツにシビリアン・パワーの概念で説明した時期とほぼ重なるが、ルトワックは国際関係において、「商業手段」が「軍事手段を置き換え」つつある、と指摘した。つまり、射撃能力の代わりに自由に使える資本力が、軍事技術の進展の代わりに民生技術のイノベーションが、駐屯地や基地の代わりに市場への浸透が重要になっているのだという[41]。

ルトワックによれば、諸国家は軍事力というツールよりも商業的なツールをますます使うようになる一方で、国際的な国家間の関係は引き続き「紛争の論理」に従っていて、そこには「敵意があり、ゼロサムで、逆説的なのである」というのである[42]。「地経学」という用語は「商業的手段が紛争の論理と混ぜ合わさった状況」をとらえようとしたもので、クラウゼヴィッツならば「商業という文法を使った戦争の論理」とでも書いたであろう[43]。

この20年間に起きた事柄は、地政学から「地経学」への移行というルトワックの説を否定しているように思われた。１９９０年代の地域・民族紛争と9・11同時多発テロによって、西側諸国は軍事力を行使することを強いられた。上述したように、様々な理由から軍事力行使に消極的だったドイツのような国に対してすら、財政的貢献だけでなく地上軍派遣という意味で、紛争解決に貢献するよう求める圧力はますます強くなっていたのである。事実、冷戦終結後の最初の10年間は、通常兵力の重要性は以前に比べて低くならず、かえって高まった。しかしながら、それに続いて起きたことを見ると、とりわけ米国から中国のような新興勢力への国力分布の移動はルトワックの説を証明したように思われるのである。

とりわけ、「地経学」の概念は今や、EU内部で自国の経済力を使って自国の主張を通そうとするドイツのやり方を説明する方法として有益である。欧州以外では、ドイツは「ソフトな」意味での地経学的な大国であり、経済的目標の追求のみに焦点を当てているように思われる。しかし、ユーロ圏では、「中核」国家と「周辺」国家の間のゼロサムの競争が、相互に利益を享受するウィン・ウィンの関係に取って代わったように思われる。ドイツはまた、厳しい条件を課して、他国の言うことを聞かせるために、自国の経済力を利用している。このためドイツは「ハードな」、つまり、カント的というよりはクラウゼヴィッツ的な方法で経済的手段を使うという、ルトワックが主張している意味において、欧州においては地経学的な大国なのである。

ルトワックによれば、地経学的大国の特性は、経済において国家が果たす役割に揺るぎがないことにある。「国家が実質的には世界のすべての政治空間を占有する一方で、経済空間において国家は一部しか占有していない」[44]。「地経学的に積極的な」国家と民間経済アクターの間の共存の形態はさまざまである。関係が緊密な場合もあれば、距離を置いている場合もある。自国の地経学的な目的のために大規模企業を「先導」する国家もあれば、政治家や官僚を操作しようとする企業もある。

ドイツ政府と財界との間の関係は、ルトワックが「相互の操作」[45]と呼ぶものの事例である。ドイツ企業は、政府に財界の利害を促進する政策を策定するよう要求し、財界は政治家が成長を最大化する手助けをし、とりわけドイツにおける政治的成功の主要基準である雇用水準を最大化する手助けをする。

こうした共存は、とりわけ政府、特に経済省と輸出産業の間で緊密である。不釣り合いなほど大きい輸出の拡大への貢献度は、ドイツ人政治家が極度に輸出産業に依存していることを示している。しかしながら、この経済成長の多くは中国やロシアといった国々への輸出によるもので、こうした国々では政府が財界を牛耳《ぎゅうじ》っているため、輸出産業もまた、逆にドイツ政府に依存している。この10年間、とりわけシュレーダー政権下で国内総生産に占める輸出の割合が増大した時、ドイツの輸出産業はドイツの外交政策に対する多大な影響力を行使したように思われる。

もちろん、世界ではドイツだけが唯一の「地経学的に積極的な」国家ではない。例えば中国のような他の国々もまた、経済的手段を戦略的目的に利用している。しかしながら、中国は明らかに真正面から大国になろうとしている。現在は経済的な台頭に依存しているとはいえ、中国は軍事力の行使にも責任を果たすつもりがあり、ルトワックが「優越性」と呼ぶ状況にある。中国の外交政策の研究者の間で影響力がある概念は「包括的国力」であり、外交政策の成功は、軍事力・政治力・経済力を含む「均衡のとれた国力」に基づいている必要があるとする概念である[46]。その意味で、中国の外交政策は一種の新重商主義と見ることができるかもしれない。

一方、ドイツは経済的自己主張と軍事力不在という特殊な組み合わせである。その意味で、ドイツは今日の世界における「地経学パワー」の最も純粋な事例なのかもしれないのである。

結論 地経学的な準覇権国家

Geo-Economic Semi-Hegemony

不安定をもたらすドイツ

これまで見てきたように、ドイツは1871年から1945年までの間、欧州を不安定化させた。ドイツの国土の規模と欧州の中央というその位置、いわゆる「中心的位置」のため、ドイツは欧州の勢力均衡には大きすぎ、覇権国家となるほどには強力ではなかった。ドイツ問題は第二次世界大戦後、ドイツの分断とドイツ連邦共和国のNATOとEUへの統合により解決したかに思われた。冷戦終結以降の欧州の変容とともに、ドイツは地理的には「中心的位置」の状態に回帰した。しかしながら、過去のドイツが全方位を潜在的な敵に囲まれ、包囲網を恐れていたのに対し、現在のドイツは全方面をNATO同盟国とEU加盟国に囲まれている。ドイツの再統一後の「戦略的飽和状態」と近隣諸国との経済的相互依存の状態は、ドイツがもはや領土拡張を追求せず、脅威を感じないことを意味する。言い換えれば、地政学的にはドイツは有益な存在である。

しかしながら、ドイツ経済の規模とドイツと周辺国の相互依存が今や、同様に欧州の中で不安定を作り出している。再統一以降、ドイツの領土は拡大したが、経済的には旧東ドイツ地域の統合にかかるコストを捻出しなければならなかったため、その経済は弱体化した。また、NATO同盟国であり、EU加盟国であることに利益を見出していた。しかしながら、ドイツ経済が回復すると、ドイツは他の国々に自国の選好を押しつけようとすることが増えてきた。EUの文脈で言えば、フランスなどの近隣諸国にとって、ドイツ経済は規模が大きすぎて異議を唱えることができない。ハーバーマスは2010年にドイツを「巨人」と呼んだ[1]。要するに、ドイツ問題が地経学的な形で再現したようだということである。

ユーロ危機の背後では、欧州においてドイツが覇権国家になったとの議論が多くなされた[2]。危機の発生以降、政策担当者やジャーナリストは恒常的にドイツを欧州の覇権国家として叙述した。ドイツが「不本意の覇権国家」、つまり、しかるべき役割を拒否している覇権国家であるとして、ドイツにより大胆になることを求める議論もあった[3]。例えばポーランドのシコルスキ外相は2011年11月、ベルリンでの演説で、ドイツの大国化よりもドイツが何もしないことの方を危惧していると述べ、ドイツに対し欧州で指導力を発揮するよう呼びかけた[4]。しかし、ドイツが覇権国家としての条件を満たさない理由は、ドイツが引っ込み思案だからでも、自国中心主義だからでも、短期収益主義だからでもない。ドイツは潜在的な覇権国家ですらないのである。過去にそうだったように、覇権国家の負担を引き受けるには小さすぎるのである。

ユーロ危機以降に行われてきた、欧州におけるドイツの覇権についての議論は、第一章で取り上げたドイツ問題の歴史から、不思議ながら断絶している。むしろ、ドイツのリーダーシップを求める声は、いわゆる覇権安定論に基づいたものだった。同理論によれば、覇権国家は規範を設定するが、秩序の最下位にある国家にも利益があるようその内にとどまることを促すシステムを形成する。とりわけ覇権国家は、その長期的利害のために、覇権的秩序への参加国には短期的には譲歩する。この種の覇権国家の典型的な事例は、第二次世界大戦後の米国である。1950年代に西欧諸国に対して貿易特恵を与え、米国の輸入を差別する中で、欧州の安定という戦略的利害を追求した。このように、米国は賢明な権力行使を行ったのである。

覇権安定論者にとって、国際関係における覇権国家の代替物は不安定である。キンドルバーガーは『大恐慌下の世界　1929年〜1939年』において、システム安定の役割を引き受ける覇権国家がある場合に限り、世界経済は円滑に発展すると主張した。ウォール街大暴落以後の1930年代には、覇権国家の不在が国際システムの崩壊をもたらしたと分析した。とりわけ、キンドルバーガーは米国が英国から世界経済のリーダーシップを引き受けようとしなかったことを批判した。ドイツは債務諸国に対して、これと似た立場にある。キンドルバーガーは1940年代、国務省職員としてマーシャル・プランの作成者の一員であった。米国が大恐慌の時に犯したと彼が信じている過ちを回避しようとしたのだった。

覇権安定理論は、ドイツの一部の政策担当者の考え方として共有されていることが知られている。とりわけショイブレ財務相はキンドルバーガーに言及し、同氏の洞察をユーロ危機に適用すべきだと考えると語った。ユーロ危機の最中に行った演説で、ショイブレ財務相は「キンドルバーガーの中心的メッセージが２０１０年ほど重要であったことはない」と述べた。つまり、「指導的国家、良き覇権国家、ないしは安定役」のみが安定した世界経済を創出し、維持することができるというのがキンドルバーガーの主張だというのである[5]。ショイブレは続けて、ドイツとフランスが欧州の必要とする事実上の覇権国家とならなければならないことを教訓としていると述べた。しかしながら、米国が１９４５年以後にしたように権力を賢明な形で使うのではなく、ユーロ危機の発生以降、ドイツは単に自国の選好する政策をできる限りユーロ圏の他の国々に押し付け、長期的利害というよりはむしろ短期的利害を追求したように思われるのである。

特にドイツ・マルクに比べたユーロの弱さはドイツの輸出に有利であるため、ドイツがユーロ存続に明確な利害があることを考えれば、１９４５年以降、米国が欧州に対して果たした役割に匹敵する役割を果たすには、ドイツが以下の措置をとることが必要だったと思われる。貿易黒字を削減し、物価上昇率の緩やかな上昇を許容し、ないしは、債務を抱える諸国が不景気から脱して債務を削減できるよう、それらの国々の消費国となり最後の頼みの綱として行動することであった。しかしながら、ドイツは徹頭徹尾そうした方策をとることを拒んだ。その代わりにユーロ圏全体の財政緊縮策に固執し、周辺国が景気低迷から脱することを難しくし、ユーロ危機を悪化させた。ドイツにおける失業率は現在、再統一以降最低水準にある一方で、スペインといった他の国々では記録的水準に達している。欧州の債務国にはマーシャル・プランはなかったのである。

実際、ある意味において、ドイツは覇権安定論において覇権国家の中心的役割であるはずの安定をもたらさず、不安定を欧州にもたらした。ドイツにおける言説は安定という言葉に焦点がある。「安定の同盟」に関する議論があり、「安定の文化」を誇りとしている。しかし、安定という概念の定義は極めて狭いものである。ドイツが安定という時、それは物価の安定以外の何物でもない。事実、この「安定の文化」を輸出しようとして、ドイツはより広義には不安定を創り出したのである。とりわけ、欧州の債務の相互化をどの程度受け入れるかについて、いまだに沈黙を守っているのは、債務国に対して改革への圧力をかけ続けるための意図的な戦略であることは明らかである。その沈黙が不確実な空気を作っている。このため、ドイツの「不安の文化」を口にする人もいるかもしれない。

ユーロ危機が始まってから、ドイツは規則を輸出したものの、規範は打ち出していない。ユーロ圏の他の国々は、こうした規則は彼らの国益ではなく、ドイツの国益に資すると受け止めている。このため、他の国々はしばしば、ドイツの要求に渋々従う。抵抗しようとしたり、ずるずると引き延ばそうとしたり、一度やると言った約束を撤回しようとしたりする。言い換えれば、覇権国家に対する同意がないのである。これは覇権国家と帝国を区別する特徴の一つである。「ワシントン合意」に匹敵する「ベルリン合意」は存在しないのである。ある意味で、ドイツは今、「ボン共和国」（西ドイツ）時代よりも覇権国家でなくなったと言える。再統一とEU拡大の以前のドイツは、フランスとの「協力的覇権国家」として、ドイツの政策選好に対する他のEU加盟国からの同意を取り付け、EUの政策に「引き上げる」ことに成功していたからである[6]。

ドイツが欧州の覇権国家としての役割を担わなかったことに対し、シコルスキをはじめとする欧州の一部の政治家は、ドイツに対し、地経学的な最大限の力量を示してほしいと考えていた。ドイツ経済は2000年代に回復したが、上述のように、大部分は賃金抑制と好都合な経済環境を通じて達成されたものだった。財政移転にせよ、欧州圏内の債務の相互化にせよ、覇権国家の負担を担うにはドイツ経済は依然としてあまりに脆弱過ぎたと言える。

新しい「同盟の悪夢」

すでに述べたように、実のところ、ドイツは欧州最大の経済というよりは、小国の経済政策を追求しているのである。簡潔に言えば、ドイツの国力が増大し、フランスが相対的に弱体化したことにより、ドイツはユーロ圏において自国の政策選好を他の国々に押し付けることができるまでになっていたにもかかわらず、ドイツは欧州の覇権国家になるには小さすぎるのである。この状況は、１８７１年から１９４５年の欧州の中のドイツの地位に驚くほど似ている。言い換えれば、ドイツはかつて歴史家のデヒオが述べた準覇権国家の地位に回帰したように思われる。ただし、地経学的な意味での準覇権国家ということを除けば、である[7]。

この意味では、ユーロ危機後の欧州はドイツほど混乱した状態ではなかった。とりわけ、地経学的な準覇権国家としてのドイツがおそらく意味するものは、欧州における衝突、紛争の増加を意味した。経済学者によれば、ユーロ危機へのドイツの対処法は、欧州諸国内の緊張関係を悪化させた。例えば、持続的な財政黒字に固執することによって、ドイツは欧州のパートナーに不可能なほどの圧力をかけている。通貨の最適状況についての圧力はそれほどでもなく、これはルシオ・カラッチョロがいうような「中心国の周辺に設けられた流動性を吸収する地域」というほどの最適な通貨地域ではない[8]。しかし、この経済的論理は別として、欧州における国際関係の歴史、とりわけ第一章で述べたドイツ問題の歴史は、ドイツの準覇権国家が何らかの形で衝突を生む可能性を示している。今日の欧州における危険とは、１８７１年のドイツ統一以降の欧州で起きた衝突が、地経学的な形で現れる危険である。

このことは、１９４５年以前の欧州でそうだったように、欧州の大国間で連合を形成するための競合関係が生まれる状態に回帰することを意味する可能性がある。ユーロ危機の発生以降、欧州は法に則ったシステムではなく、権力に基づいた国家間関係に先祖帰りしたとする見解もある。しかし、制度化されているとはいえ、ダイナミックな力学が働くＥＵ内では、パワーとはしばしば規則を定義する能力の問題である。とりわけ経済政策においてはそうである。

ＥＵ加盟国が自国の政策選好をＥＵのレベルに反映させるには、加盟国は連合を組む。当初は、フランスとドイツの二人三脚がＥＵ内で最も重要な二国間関係だった。ＥＵ拡大以降は、連合の形成はより困難になり、ＥＵ内に複雑なネットワーク構造が発展した。しかし、ユーロ危機の発生以降、ドイツを中心とした連合が形成されてきている。ＥＵ加盟国は日和見《ひよりみ》主義と勢力均衡主義が混じった考え方に基づいて連合を考えてきたからである。

ユーロ危機以降のＥＵ内の二国間外交はドイツを中心として形成されてきた。ほとんどの加盟国は、ドイツとより緊密な関係を構築しようとした。ドイツはますます経済やその他の問題で決定権を持つ国として見られるようになってきたからである。ベルリンは、１８８０年代のように再び「欧州の外交的首都」となった。

実は、ＥＵ拡大以降存続してきたネットワーク構造は、大都市集中型構造にとって代わられつつあるのかもしれない。とりわけ、中欧諸国はドイツ再統一以来、その経済がドイツ経済と統合されてきており、ある種の地経学的な勢力圏を形成しつつある。ロシアを脅威と捉えるポーランドのような国々は、ドイツによる投資によってある意味安全保障が担保されたと受け止めている。ドイツが支配する中欧の再来との分析すらある[9]。

しかしながら、それと同時に、他のＥＵ加盟国は、とりわけいわゆる周辺に位置するＥＵ加盟国は、ドイツに対して、ジョージ・ソロスがいうところの「共同戦線」を形成する必要性をますます感じるようになっている[10]。１８７１年のドイツ統一以降、他のどの欧州の国々も一国でドイツに立ち向かうだけの力はなく、仕方なく反ドイツ連合を作って勢力均衡を図ろうとした。これが翻って、ドイツ内に「同盟の悪夢」を生んだ。

19世紀末には、ハンスペーター・シュヴァルツが「包囲の弁証法」と呼んだものが、そうした同盟を生み出し、最終的には第一次世界大戦につながった。ドイツは現在、潜在的な軍事的ライバルというよりはむしろ、脆弱な経済を持つ国々に取り囲まれることを怖れている。手段は違っても、ドイツのパワーは今一度、他の欧州諸国が参加せざるを得ないほどになっており、それは地経学的な意味での包囲網である。

ユーロ圏の中で、この種の地経学的な意味での包囲網を懸念する兆候は、ドイツにはすでにあった[11]。とりわけドイツは、欧州中央銀行（ＥＣＢ）の乗っ取りを怖れていた。ＥＣＢは、ドイツが希望していたようにドイツ連邦銀行の安定の文化を欧州の他の国々に輸出する代わりに、他の脆弱な通貨の文化をドイツに輸入していると理解されている。こうした脅威感は２０１２年６月の欧州サミット以来増大した。同サミットは、欧州の多くの国では大成功と理解されたが、ドイツでは敗北とみなされた。

ドイツ人経済学者の一部は、ＥＣＢがタカ派のドイツ系モデルからインフレ容認派のラテン系モデルに移行しているとみなしている。後者にはイタリア、スペインのほか、フランスすらも含まれ、２０１２年６月にはこの三ヵ国が力を合わせ、新しいユーロ圏の「中心」となった。要約すれば、債務者に権力が移行することを怖れているのである。こうした理解は、既述のように、21世紀以降に出現したドイツの被害者意識によってより強固になっている。「接収」といった用語の使用はそうした意識を如実に表している。

このため、新しい同盟の悪夢が地経学的な形で、欧州内に出現した。欧州が何世紀にもわたって戦ってきた地政学的ジレンマが、地経学的な形で再来したのである。とりわけ、単一通貨に縛られた債権国と債務国の間の利害の衝突が中心である。債務危機において、債権国は少数派となる傾向がある。しかし、債権国は効果的に調整する一方で、債務国は相互に他の債務国と差異を示すことに利益があるので、債務国グループとして集団的に行動しようとすると、より大きな問題に直面する[12]。この場合、フランスの出方によるところが多くなるだろう。同国はこれまで反ドイツ連合を作ったり、主導したりすることを躊躇してきた。問題は、この動きを解決するために、欧州内でどれほどの紛争、衝突が必要とされるかということである。

ドイツは西側の一員として残り続けるか

このように、ある意味で歴史が欧州に再訪している。１９４５年以降、ドイツが変容したにもかかわらず、１８７１年の統一後と１９９０年以降のイデオロギーの展開には、著しい類似性がある。とりわけドイツの使命（ミッション）という概念がそうである。しかし、おそらくより重要なのは、当時と現在との間に構造的な類似性があることである。とくに我々は、強力なドイツを中心とした、競合する欧州に回帰したように思いがちである。そして、そのドイツは１９４５年以前の準覇権国家に類する位置に回帰している。

しかしながら、EUとユーロによって欧州が変容しているため、フランスのミッテラン大統領が1989年に怖れていたように、「1913年の世界」に回帰したわけではない。戦争か平和かという問題はないのである。しかし、地経学的な意味でのドイツ問題の再来は、手段は違っていても、そのダイナミズムには類似性がある。

本書は、ヴィンクラーのドイツの「西欧への長い道のり」という概念から始まった。この物語の重要な部分は、ドイツにおける政治的自由の発展が遅れてきたことであった。ヴィンクラーによれば、ドイツの「独自の道」について語ることに意味があるとすれば、何よりもドイツの民主的価値観が遅れて、より問題のある形で発展してきたことである[13]。ドイツ国内で民主主義の危機に関する議論は盛んだが、ドイツの民主主義が劣化しているというわけではない。1945年以来、ドイツは西側の政治文化を地道に発展させてきた。それは、一部が予想していたよりも力強く、強靭《きょうじん》なものであることが証明された。西ドイツが「経済の奇跡」と呼ばれていた1960年代、西ドイツは民主主義を支持し続けた。だが、もし景気低迷の状態であったら、民主主義への支持を持ちこたえることはできないのではないかとの懸念があったが、そうした不安は現実化しなかった。その意味で、ドイツは少なくとも国内的には、ヴィンクラーが「西欧の規範的プロジェクト」[14]と呼んだものからの逸脱を克服している。

しかしながら、ドイツが西側の安全保障の一員として残るかどうかという問題がある。再統一以降、冷戦終結後の戦略環境の変化の下で、ドイツの外交政策は変化した。とりわけ、米国との関係は変化し、冷戦期のパラダイム、すなわち相互依存しながらも、不平等な関係に回帰する可能性はないだろう。ドイツにおいては「ドイツのやり方」を追求する傾向がますます強くなっている。これはドイツ・ナショナリズムの主要要因である。ドイツの新しいナショナリズムは平和と輸出を中心とする可能性がある。

しかし、それに加えて、ドイツには自国を西側から距離をとる傾向、それもより優秀な国として距離をとる傾向がある。とりわけイラクとユーロ危機以降、ドイツにはアングロ・サクソン的思想について、新たな懐疑主義や侮蔑すら生じている。これらの傾向は、米国や英国の諜報機関によるメルケル首相自身を含むドイツ人に対するスパイ行為が最近明らかになったことにより、一層強まったといえる。

安全保障上の措置としての西側との統合は、ドイツ連邦共和国におけるリベラルな政治文化の発展に先行した。西側との統合は40年間にわたって、他の外交政策目標を凌駕する生存上の必要性であった。しかしながら、過去20年間、すなわち「西欧への長い道のり」を完遂してからは、その至上命題は次第に消滅してきている。現在、西側との統合は初めて、一つの選択肢となった。ドイツ連邦共和国の外交政策の媒介変数、つまりアデナウアー（路線）に回帰するメタ・レベルの選好は、徐々に異議が唱えられるようになっている。ドイツがどのように欧州を見捨てるのかを想像するのは容易ではないが、ポスト西欧化後のドイツの外交政策を想像することは全く可能である。

２０１１年の世論調査によれば、①第一に西側の同盟国と協力関係を継続すべきである、②中国・インド・ロシアなどの他の国々と協力すべきである、③その両方を追求すべきである——という三つの選択肢で分裂していた[15]。

メルケル首相が２０１３年9月に第三期目に選出されて間もなく、それまで（の自由民主党との連立）とは違って社会民主党との大連立政権になり、西側との関係に関する議論が改めて劇的に活発になった。ウクライナのヤヌコヴィッチ大統領がEUとの連合協定を見送ると、親EUを掲げる抗議活動がキエフの欧州広場を占拠し、そしてロシアがウクライナに侵攻、クリミア半島を併合した。冷戦後初めて、欧州内の国境線が再び不安定になったように思われた。メルケル首相は危機の政治的解決の必要性を主張したが、ロシアはさらにウクライナ東部を不安定化させた。ドイツの輸出企業に対する影響やロシアからの天然ガス供給への影響も懸念されたが、厳しいEU制裁をロシアに科すことに合意した。これについては、ドイツは少なくともロシアに対し、経済目標よりも戦略的目標をある程度優先したように思われたのである。

しかしながら、ウクライナ危機はまた、ロシアと西側との間の「等距離」という概念の再興を導いた。ドイツの政治エリートの大部分がある種の「地政学的覚醒」を経験したように思われる一方で、多くの普通のドイツ人は、ロシアとの対立に根深い抵抗感があるのも事実である。

２０１４年４月の世論調査では、49％の回答者がドイツはロシアと西側を仲介すべきだと考えており、ＥＵ加盟国とＮＡＴＯ同盟国の側につくべきだと回答した人は45％にすぎなかった[16]。ドイツ東部では、60％が両者を仲介すべきだと回答し、西側と歩調を合わせるべきとの回答は31％にすぎなかった。この世論調査結果を見て、ある識者は「脱西欧化が忍び寄っている」と述べた。ヴィンクラー自身も、ドイツが西側に責務を感じ続けているかどうかを「疑うべき理由」があると述べている[17]。言い換えれば、ドイツの歴史はまだ終わっていないのである。

補遺

欧州と難民

ウクライナ危機への反応

２０１４年2月に起きたロシアによるクリミア半島併合は、ドイツにとって戦略的な衝撃であった。西側の他のどの国よりも、ドイツは「貿易による変化」（Wandel durch Handel）を信じてきたからである。言い換えれば、ロシアを国内的には民主主義に、対外的には協力に向かわせる一番の方法は、経済的な相互依存を高めることだということであった。ドイツ政府が当初、ロシアに対する経済制裁の発動にあまり積極的でなかった理由の一部はこの考え方があったためだった。

ところが、同年7月にマレーシア航空ＭＨ17便がウクライナ東部で親ロシア反政府勢力によって撃墜され、乗客２８３人、乗組員17人が死亡すると、メルケル首相はより強硬路線を取り、他のＥＵ加盟国を説得し、制裁を発動する方向に動いた。多くの欧州諸国はこの「リーダーシップ」を歓迎した。ドイツのヨアヒム・ガウク大統領はクリミア半島併合の直前、ミュンヘン安全保障会議で画期的な演説をしていた。ガウク大統領は「ドイツの過去に対する罪を、怠慢であることや世界に対する義務を免れたいという希望の盾として利用する」人々を批判した。さらに、最も議論を呼んだのは、平和国家であろうとするドイツにおいて、軍事力の行使に「原則としてノーというべきではない」と言明したことだった[1]。

メルケル首相は一貫して沈黙を貫いたが、他の主だった政治家はガウク大統領の発言を支持した。例えば、シュレーダー政権で首相府長官を務めた社会民主党所属のフランクヴァルター・シュタインマイヤー外相は「ドイツは脇から論評するだけで済ますには、あまりに大きな存在なのである」と述べ[2]、同会議直後に、外交政策を「新鮮な視点で」再検討する作業を始めた。

その再検討過程は、ウクライナ危機で認識されたドイツの「リーダーシップ」とともに、外交政策が大幅に見直されるのではないかという憶測を呼んだ。メルケル首相がドイツ経済を犠牲にしてでも、厳しい対ロシア経済制裁を科そうとする姿勢は、ウクライナ危機以前のドイツの外交政策に一時的にみられた「経済優先」政策から、「政治優先」政策が復活したと見るアナリストもいた。ドイツがある種の「地政学的覚醒」を集団的に経験したとする見方まで出たほどであった。多くのアナリストは、ドイツがもはや、私が主張した「地経学的国家」ではなくなったと論じたのである。ところが、現実には、ドイツの外交政策の変化はより小幅であり、より不完全なものであった。

ウクライナ危機以前においても、ドイツはすでにその経済力を背景に、他のユーロ圏諸国に自国の政策選好を押し付ける傾向があり、とりわけ２０１０年に始まったユーロ危機以降、その傾向は顕著で、より「厳密」な意味で「地経学的パワー」と思われたのである。しかし、欧州域外においては、戦略目的ではなく経済目的を追求しているものの、より「穏健」な意味において「地経学的パワー」であった。シュレーダー政権時代においては、これまで述べてきたように、ロシアはこの現実主義的アプローチの典型的事例だったのである。しかしながら、ドイツはウクライナ危機において、ロシアにおける膨大な経済的利害よりも、ロシアの修正主義によって脅かされている欧州安全保障秩序の防衛という戦略的利益を優先したのである。ドイツのウクライナ危機における反応は、ドイツが経済目的よりも戦略目的を再度優先させたことを示唆している。

しかしながら、ロシアに対する「封じ込め」の新戦略を遂行するだけのスタミナがドイツにあるかどうかは、はっきりしなかった。マレーシア航空MH17便撃墜事件以降、一般のドイツ市民は、当初に比べ、より厳しい対ロシア政策を支持するようになった。8月初旬に実施されたARDの世論調査によれば、回答者の70%は、EUが科したロシアに対する「第二段階」の経済制裁を支持した。ところが、ドイツの経済成長や雇用にマイナスの影響が出ても経済制裁を支持すると答えたのは49%に過ぎず、ロシアとの「パートナーシップ」や「仲介者」という考え方は根強かった。すなわち、ロシアが西側の長期的なパートナーではないという考えを否定する回答者は58%に上り、59%がドイツはロシアとの関係を仲介する主導的役割を果たすべきだと回答した[3]。ドイツ経済界も経済制裁を支持していたが、政府に対して圧力をかけ続けていたのである。

さらにメルケル首相は、対ロシア「封じ込め」の新戦略のうち経済制裁は支持したものの、バルト三国やポーランドが呼びかけた軍事制裁については反対した。ただし、フランスとは違い、ドイツの対ロシア武器輸出停止は素早かった。フランスは、ミストラル級強襲揚陸艦二隻の売却を中止する決定を出すまで、かなり長い時間がかかっていた。ウェールズで２０１４年９月初旬に開催されたＮＡＴＯ首脳会議を前に、ドイツは中・東欧諸国に恒久的な軍事展開を開始することには反対を表明した。恒久的に軍事展開することになれば、１９９７年に調印されたＮＡＴＯ・ロシア基本議定書（ＮＡＴＯ - Russia Founding Act）に抵触することになりかねないことを懸念したのだった。２０１５年２月に、ウクライナに対する直接的な軍事支援を提供することに関する議論が米国で始まり、オバマ政権が「新鮮な視点」で見直すことを表明すると、メルケルは直ちに、公然と反対を表明した[4]。

このように、ウクライナ危機以降においても、これまで論じてきたようにドイツは「地経学的」パワーとして理解するのが適当である。現在は、経済目標より戦略目標が優先されるようになっている可能性はあり、そのため欧州域外においても、より「強硬」な地経学的パワーになっている可能性はある。

しかし、ドイツは依然として軍事力手段の行使には懐疑的である。ウクライナ危機という戦略的衝撃でさえ、防衛費の大幅な増額、軍事能力の改善、軍事ドクトリンの変化につながる可能性は低い。さらにいえば、この経済目的から戦略目的を優先する変化は当面、対ロシア政策に限定されそうである。２０１５年３月に発表されたシュタインマイヤー外相による再検討過程の最終報告書には、外交政策の方向性に関して大幅な変更はほとんど見られなかったのである[5]。

長期的な意味でおそらく最も重要なのは、ロシアよりもはるかに大きな市場を持つ中国との関係であろう。ウクライナ危機がロシアとの「パートナーシップ」の可能性に関する幻想を打ち砕く一方、ドイツの対中政策の多くはいまだ、対ロシア政策と同じ前提に立っている。すなわち、経済的相互依存が高まれば、権威主義体制を民主主義に、国際社会における「責任あるステークホルダー」に変化させることができるという考え方である。アジアで緊張が高まり、米国が中国に対してより厳しいアプローチをとるにつれて、ドイツにとって現実の最悪のシナリオは「アジアのクリミア危機」が勃発することである。すなわち、ロシアがウクライナでしたように、中国が東シナ海や南シナ海で攻撃的な行動をとる場合である。

ギリシャ危機への対応

一方、欧州中央銀行のドラギ総裁が2012年夏、ユーロを守るために「できることは何でも」すると約束して以降、ユーロの将来が不透明に陥った混乱の2年間の後、ユーロ圏は比較的平穏な時期を迎えていた。ドイツでは多くの人が、ギリシャを含む「周縁部の国々」が構造改革を実施して、「競争力」を獲得し、危機を経てユーロ圏がより強力になることを望み、そうなったと信じていた。ところが、2015年1月、急進左派連合（Syriza）党首のアレクシス・ツィプラスがギリシャ首相に選出された。このことは、ギリシャにおけるユーロ圏政策失敗の直接的結果であり、中道勢力の空洞化を象徴する一方で、ユーロ危機は再び緊迫することになった。ツィプラスは就任直後から、前任者の中道右派と中道左派の連立政権に比べ、ドイツに対してより対決的アプローチをとったのである。

ツィプラスの選出は、ドイツの欧州における力の限界を再び示すこととなった。ユーロ危機から5年経ち、ユーロ圏は「安定」というより混乱状態が続いていた。ユーロ危機以降に適用されるようになった引出条件の「マーストリヒト条約Ⅲ」システム自体が、安定化・連合協定（Stabilization and Association Agreement）が課す条件より厳しい緊縮型で、機能不全に陥っていた。既存アプローチに根本から反対する左派系政権が選出されたことは、ドイツが欧州の他の諸国に規則を輸出することはできても、規範を輸出することはできなかったことを改めて示した。

ドイツはギリシャのような比較的小国に対してさえも、このシステム内で協力するインセンティブを与えることはできなかった。このように、ユーロ危機以降、「覇権国」になったと言われるようになったドイツだったが、「覇権国」になるにはまだ長い道のりがあるといえよう。

しかしながら、ドイツや他のユーロ圏諸国はツィプラス選出を警告と受け止めて、アプローチを変える選択をするのではなく、ＩＭＦからもそのアプローチが失敗だと判断されたにもかかわらず、継続する方針を決めた。もし急進左派連合に対して譲歩すれば、スペインのポデモス党のような「極右」や「ポピュリスト政党」を強めてしまうことを懸念したからである。このため、一層の緊縮財政政策を今後の救済措置の前提条件とすることを主張し、ギリシャ新政権の主要な要求である債務免除の議論を拒否した。数カ月に及ぶ交渉は何の成果も生まず、ギリシャ政府は国民投票を呼び掛け、その結果、ギリシャ国民は債権国が課した条件を拒否することを支持した。一方、債権国はギリシャへの信頼を失ったとして、以前より厳しい引出条件を主張した。欧州中央銀行は、ギリシャの銀行に提供していた流動性支援を凍結し、銀行閉鎖の際には資本規制が課された。

ギリシャの新政権による対決的姿勢は、ユーロ圏諸国の財務相から成るユーログループ内に新しい動きをもたらした。特にオランダ、フィンランド、ドイツとはじめとする債権国の多くはこれまで以上にいら立ち、ギリシャをユーロ圏から締め出すことを迫る姿勢を示し始めた。これら債権国は、ユーロ圏が数年前とは異なり、この種の「腐敗」にそれほど脆弱ではなくなったと考えたからである。ドイツには以前よりも、声高に支持してくれる国々が増えていた。特にバルト三国（現在はすべてユーロ圏）とスロバキア、スロベニアがそうであった。他方、中道右派および中道左派が率いる政権の他の債務国は別の政治的理由で、ギリシャの急進左派連合新政権への譲歩を懸念していた。このため、債務国は再び、互いに距離をとる姿勢を示し、まとまって行動することができなかった。ギリシャは、ほぼ完全に孤立したのである。

２０１５年7月にブリュッセルで開催された緊急首脳会議の直前、ドイツのショイブレ財務相はある提案を提示した。すなわち、ギリシャが債権国の条件を受け入れない場合、ギリシャを「一時的に」ユーロ圏から退出させ、それに先立って、ギリシャの５００億ユーロ相当の資産を民営化前にルクセンブルクに信託するという内容であった。メルケル首相がこの提案を支持していたのか、ギリシャに対する強制的「時間切れ」という考え方を推し進める用意があったのかどうかはいまだはっきりしない。いずれにしても、フランスのオランド大統領が仲介を申し出ると、ギリシャは最終的に抵抗をやめて債権国案に同意し、それから間もなく協議された三回目の救済措置の基本的な内容となったのである。7月の首脳会議はユーロ危機の転換点と記憶されることになろう。２０１２年6月の欧州理事会が、ユーロを救済するという意味で画期的出来事であったにもかかわらず、ドイツでは敗北として受け止められたように。特に強制的な「時間切れ」という脅迫は、通貨同盟を固定為替レート体制に変容させたかのようであった。

首脳会議終了後、ショイブレ財務相に焦点を当てた報道が数多く続いた。ショイブレ財務相は当時、欧州で自国の国益を容赦なく追求する、新しい、より冷酷なドイツを体現する人物として、メルケル首相の人気をしのぐようになっていた。ユルゲン・ハーバーマスは「より良きドイツがこの半世紀の間に蓄積してきた政治資本のすべてを、ドイツ政府が一夜にしてなくしてしまったのではないかと危惧した」と語っている[6]。ベルギーのエコノミストで、ユーロの専門家であるポール・デグラウェ（Paul de Grauwe）は、ユーロ圏ガバナンスの新しい雛型ができたと述べた。それは「ドイツの規則に従え、さもなければ立ち去れ」だという[7]。しかし、ユーロ危機後の5年間よりも、ドイツが経済力に物を言わせてより自国の主張をはっきり言うようになったとはいえ、ユーロ危機を解決し損なったことは、その地経学的パワーの限界を改めて示した。「覇権国家」ではなく「準覇権国家」なのである。

いわゆる周縁部諸国が一致団結してドイツと対決するかのように思われることが時々あった。7月の首脳会議では、イタリアのマッテオ・レンツィ首相はイル・メッサゲロ紙に「ドイツに対して私は言う。もうたくさんだ」[8]と語っている。ところが、フランスとイタリアによるショイブレ財務相の「時間切れ」案への反対は、ギリシャを当面ユーロ圏にとどめることができるかもしれないが、両国は緊縮財政策を大幅緩和する、あるいはユーロ圏内でのより対称的な調整案に合意するようドイツに強く要請することはなかった。ユーロ圏の経済政策の変更抜きに、フランスやイタリア、ギリシャがどのようにして経済成長を実現し、雇用を創出するつもりなのかを理解することは難しい。また、これら諸国は2012年夏に短期間そうしたように、力を合わせてドイツに対してより対決的な姿勢を示さない限り、そのような変化を実現していくことは難しいだろう。このように、ユーロ圏の周縁諸国には、ドイツに対する「共同戦線」を張る必要があるという圧力が、かかり続けているのである。

難民危機と各国の拒否——欧州を率いる能力はドイツにあるか

2015年晩夏、欧州はもう一つの危機に見舞われた。シリアから欧州大陸を目指して数十万人という難民が押し寄せたのである。この危機は、欧州がこの五年間に直面した三度目のもので、ドイツがその中心になったのも三度目だった。しかし、ドイツが今回、脚光を浴びたのは、前の二回の危機と同じように、最も強大なEU加盟国だからというだけでなく、難民の多くにとって目的地になっていたからであった。

それほど数多くの人々がドイツに行きたいと思うこと自体が、経済成長著しい「中核」の国と貧しい「周縁部」に分断されている新しい欧州の現実を浮き彫りにしていた。難民危機は、ドイツのパワーの裏面を明らかにしていたのである。事実、前の二つの危機の時に比べ、難民危機は、混乱する欧州というよりも「ドイツの欧州」であることをより明確に示していたのである。

とりわけシリア紛争が悪化した2012年以降、多くの難民が欧州を目指してきた。EUのダブリン協定では、難民は最初に到着したEU加盟国で難民申請をすることになっていた。その結果、ドイツのような北部や西部の加盟国は難民流入の圧力から守られる一方で、南部や東部の加盟国は非常に大きな圧力を受けていた。とりわけ、5年間の緊縮財政を経たギリシャは、シリアからトルコを通ってやってきた数多くの難民急増への対応に苦慮していた。こうした難民の多くは、北部のより豊かな国々、特にドイツに向かおうとしていた。欧州委員会は5月に、この問題に対応するため加盟国ごとの割り当て数を決める方式を提案した。

ドイツのデメジエール内相は2015年8月中旬、ドイツが同年に史上最高の80万人の難民申請を受理する見込みだと発表した。これは、ドイツがそれ以前に見込んでいた45万人のほぼ2倍で、2014年にEU全体で受け入れた難民数よりも多かった。総人口の約1%に相当するほどの難民申請者が流入する事態を懸念し、デメジエール内相は、もし他のEU加盟国が難民申請者数の割り当て数を受け入れないのであれば、欧州大陸の多くで国境管理を廃止したシェンゲン協定を維持することはできなくなるだろうと警告した。1995年に施行された同協定は、単一通貨ユーロ導入とともに、欧州統合の主要な成果と考えられていた。

この難民危機は、その前の二つの危機では他のEU加盟国がドイツに対して「連帯」を求めたのとは逆の関係であった。ユーロ危機では、債務超過に陥っていた南欧のEU加盟国がドイツに対し「連帯」の証《あかし》を示すことを要請した。次のウクライナ危機では、バルト三国やポーランドなどのロシアからの脅威を感じていた東部のEU加盟国が他の加盟国に「連帯」の証を示すことを要請した。ところが、この難民危機では、難民申請者の「公平な分担」を受け入れるよう、他の加盟国に対して「連帯」の証を示すことを求めたのは、ドイツだったのである。しかし、他の加盟国は受け入れようとはしなかった。とりわけチェコ、ハンガリー、スロバキアなどの中欧諸国は、難民申請者の割り当てに合意することをきっぱりと拒否したのである。

ある意味において、難民危機において他のEU加盟国が負担共有を拒否したことは、ドイツや他の加盟国が、それ以前の二つの危機において負担を共有することを拒否したことへの反応として考えることもできよう。ユーロ危機では、調整の負担を引き受けたのは債務国であった。ウクライナ危機では、ロシアに対する経済制裁に伴う経済的負担（「公平な痛み分け」の原則が議論された）と防衛費の負担（NATO加盟国間における「負担の分担」に関する議論は長年交わされてきた）という二つの意味において、負担の分担に関する多くの議論があった。しかしながら、EU加盟国は自国の狭量な国益を追求し、それが可能なときには他国に難題を押し付けてきたのである。

ドイツは8月末、シリアからの難民申請者に対するダブリン協定の適用を停止し、ギリシャなどの国々に難民を送還せず、ドイツ国内で難民申請手続きを行うと発表した。ドイツがギリシャに対してユーロ圏から締め出すと脅したことが広く批判されてから、わずか数週間後の出来事であり、このことは一転して、寛大な対応と広く受け止められ、一部ではにわかに「道徳的指針」として見なされるほどであった。他方で、さらに多くの難民がドイツを目指すことを誘発し、問題を悪化させる可能性もあったのである。混乱が続く9月中旬、ドイツはオーストリアとの国境で国境管理の導入に踏み切り、このことはシェンゲン協定の一方的な一時停止措置と見なされた。

中・東欧諸国は難民割り当てに同意するよう求めるドイツの圧力に抵抗を続けていたが、デメジエール内相はこれらの国々に対するEU構造基金を削減すると脅したのである。ハンガリーのオルバン首相は、ユーロ危機の際にドイツが「財政帝国主義」と批判されたことに合わせ、「道徳帝国主義」と批判したのである。

このように、難民危機はドイツのパワーの限界を改めて示した。難民割り当ての受け入れに最も激しく抵抗した加盟国が、その経済が最も根深くドイツに結びついているスロバキアなどの中・東欧諸国だったことはとりわけ驚くべきことだった。わずかその数週間前に、ギリシャに対する借款の追加に関してドイツを支持したばかりだったからである。ドイツがこれらの国々に対して、わずか数百人の難民申請者の受け入れと融合を説得できなかったことは、ドイツにはこれらの問題を関連付け、EUを機能させるために常に必要な一種の政策パッケージを策定するための正当性や資源、あるいはその両方を欠いていたことを示したといえよう。

この5年間に起きた出来事、とりわけ難民危機は、ドイツが欧州の覇権国家になるつもりがないというだけでなく、その能力を欠いていることを示している。端的に言えば、欧州を率いる能力はドイツにはないのである。

《日本語版への補遺》「平和国家」と「フリーライド」

「中心からのリーダーシップ」という考え方

欧州連合（ＥＵ）を離脱するという英国の国民投票はそれ自体、欧州が２０１０年以降に経験してきた衝撃の結果の一部だったが、ドイツにとっては衝撃がさらに一つ加わった形になった。それは、これまで以上にドイツを欧州の中心的立場に押しやり、ＥＵの将来はこれまでになく、ドイツを中心に展開していくことを意味した。ＥＵからの離脱の決定により、英国は図らずも、よりドイツ的な欧州の誕生に貢献したことになる。しかしながら、それがＥＵの将来、ＥＵにおけるドイツの役割にとって何を意味するかは、全くはっきりしていない。

ドイツや大陸欧州諸国の「親欧州派」間における当初の懸念は「伝染」だった。特に、メルケル首相が欧州統合プロジェクトの「亀裂」と表現した国民投票の結果は、他のEU加盟国における欧州懐疑主義勢力を勇気づけ、英国に続いてEUを離脱することを主導しかねないことを懸念していた[1]。フランス、ドイツ両国政府がEUの底力を示すための大規模な新たな取り組みを直ちに発表するのではないかという観測も数多く流れた。しかしながら、現実には、統合の進展やその展望を示すことはほとんどできなかった。EUは崩壊しなかったものの、英国の国民投票への反応として、統合への大きな飛躍も示すことができなかったのである。

欧州におけるドイツのパワーに対する英国の国民投票の影響も不透明だった。理論的には、EU最大の加盟国の一つの離脱は、例えば欧州理事会や欧州議会におけるドイツの相対的な政治的、経済的な重要性を増大させるはずである。しかし、それでも欧州の覇権国になるための資源は欠いていた。フランスのGDPは、ユーロ圏諸国の国内総生産（GDP）の中で28％しか占めていない。フランス（21％）とイタリア（16％）を足すだけでも、ドイツより大きなシェアを占めることになる。英国がEUにいてもいなくても、ドイツは自国の意思を欧州諸国に強要し、他の方法で欧州の問題を解決するための経済的資源を持っていないことを示していた。すなわち、ドイツは覇権国ではなく「準覇権国」のままなのである。

ブレグジットは基本的に、欧州におけるドイツの準覇権国的立場を変えるものではないが、欧州におけるドイツ支配という認識をさらに強めることになった。事実、ドイツ・パワーへの懸念は、伝統的に親ドイツの小国を含む欧州の多くの人々が英国のEU残留を望む理由の一つだった。２０１６年の英国国民投票後、ドイツ・パワーへの懸念は強まったのである。欧州諸国の当局者は、EUの中でも大国であるフランス、イタリア、ポーランド、スペインの四ヵ国のいずれもドイツに影響を与えるほど強力ではないことを懸念し、支配的立場を強めるドイツにどう対応していくのかの戦略を考え始めた。

この不安定な状況にどう対応していくかについて、ドイツでは「中心からのリーダーシップ」(Führung aus der Mitte) という考え方が出てきた。この表現はもともと、ウルズラ・フォンデアライエン国防相が2015年のミュンヘン安全保障会議における演説で、ドイツがどうすれば安全保障政策において、より大きな「責任」を負うことができるかを表現した際に用いられたものである[2]。その後、この表現は欧州におけるドイツ優位に代わる選択肢に言及する際に広く用いられるようになった。その考え方は、ドイツは加盟国のコンセンサスを形成することに努力することにより、欧州の政策をリードすべきであるというものだった。

ドイツ国内では、「中心からのリーダーシップ」という考え方は一般的に「欧州における使命」の表現と考えられた。他方、ドイツ以外においてはしばしば、本当の「リーダーシップ」を示すことに対するドイツの抵抗感の表れと受け止められた。「中心からのリーダーシップ」は、EUの制度設計を考えれば、1871年のドイツ統一後にオットー・フォン・ビスマルク首相が追求した戦略の地経学版のようなものとして理解することもできる。それが実際に意味するのは、「正直な仲介人」としてのドイツを中心とする「ハブ・アンド・スポーク」型の欧州だった。そのようなビスマルク的戦略にリスクがあるとすれば、それはどのグループからも疎外される国々を生み、反ドイツ連合を結成させかねないことであった。

英国がいずれも加盟していないユーロ圏とシェンゲン圏で、こうした動きがすでに生まれていたのは恐らく偶然ではなかった。ユーロ危機においては、いわゆる周辺国は、ドイツがより大きなリスク分担を受け入れるよう求めるために、共同戦線を組んだ。難民危機においては、それまでグループとしてはまとまりがなく、EUに大きな影響力を持たなかった、いわゆるヴィシェグラード四ヵ国（チェコ、ハンガリー、ポーランド、スロバキア）が、強制的な割当に基づいて加盟国間で難民を受け入れるとするドイツの計画に一致して反対した。

英国国民投票後、EU全体におけるドイツ支配に対する認識が強まったのに伴い、ドイツとバランスをとるため、様々な政策分野において連携を組むよう求める他の加盟国への圧力は強まった。その結果、もし英国が実際にEUを離脱すれば、離脱前よりもドイツがEUにおいて得られることはより少なくなり、逆説的に言えば、ドイツは弱体化する可能性がある。

他方、相対的な影響力が拡大することを考えれば、ドイツへの期待はさらに高まる可能性があり、その結果、欧州の問題を解決できず、あるいはその意思を示すことができなければ、ドイツは現在よりも大きな怒りを買いかねない可能性もある。一言で言えば、EUは以前よりもさらに不安定になる可能性があると言える。

アイデンティティの危機――米国からの「フリーライド」批判

しかしながら、ブレグジットよりもドイツにとってはるかに重要だったのは、ドナルド・トランプが２０１６年11月の米国大統領選挙で勝利したことであり、ドイツの外交政策の変数を根本的に変えかねなかった。

ドイツはトランプが示唆した米外交政策の変化に対し、独特の脆弱性を抱えていた。欧州におけるドイツの「準覇権国」の立場は、ドイツが長い間恩恵を受け、あるいは「フリーライド」（ただ乗り）

してきた米国の覇権によって支えられてきたからである。この10年の間に、米国は覇権の重荷を担い続ける意志を徐々に失ってきているように思われてきた。トランプ選出後、米国は覇権国家としての責任を担い続けることをやめるように思われたのである。

特にドイツは、米国が提供していた二つの公共財に依存することにより、「地経学パワー」に成長することを許されてきた。第一に、米国は欧州の安全保障のために過大なコストを負担してきたのに対し、ドイツの防衛費は他の多くのＥＵ加盟国に比べても低額のままであった。ドイツは安全保障における「フリーライド」、言い換えれば安全保障を提供するのではなく消費していると非難されてきた。第二に、ドイツの総需要が他のＥＵ加盟国と比べても低いままの一方、米国は最後の砦《とりで》の消費者として行動した。このように、ドイツは経済的にも「フリーライド」状態であると非難されたのである[3]。

大統領選前でさえ、米国はこれら二つの公共財を提供し続ける意志を失いかけているように思われた。２０１１年、ロバート・ゲーツ米国防長官は「自らの防衛のために必要な資源を割く意志がなく、真剣で能力のあるパートナーになるために改革する意志もない諸国のために、米国が費用を支払い続けることに関する米議会と米国民の忍耐は低下していくだろう」[4]と警告した。オバマ政権も繰り返しドイツに対し、経済的な「フリーライド」を批判し、２０１６年には米財務省はドイツを新たな為替操作国「監視リスト」に追加した[5]。

ところが、トランプ政権はそれをさらに進め、それまでよりも公然とドイツを批判したのである。特にトランプ大統領は米国の同盟機構に無関心か、敵対的でさえあるように思われた。彼は繰り返しＮＡＴＯを「時代遅れ」と批判し、ＮＡＴＯからの脱退を考えていると発言した[6]。トランプ大統領はまた、NATO加盟国が「われわれに対する義務を果たした」場合にのみ、米国はNATO加盟国を支援するとの立場を示した[7]。欧州の安全保障に対する米国の関与に関して、このような新たな条件を課したのは、1949年のNATO創設以来、トランプ氏が初めてで、オバマ大統領、並びに民主、共和両党のいずれの大統領候補とも大きく意見を異にしていた。

不透明になる米国の関与に対する保険として、ドイツ人の多くは欧州の「防衛同盟」創設を推進しようとしてきた。しかしながら、この数十年間、欧州防衛統合の進展は、加盟国間の戦略文化の違いにより減速していた。トランプ大統領選出後にも、欧州防衛統合において、たしかにいくつかの進展はあった。しかしながら、ドイツは自国を「平和国家（Friedensmacht）」と位置付けているため、現実問題として、防衛費を大幅に増やすことは政治的に困難であった。ある意味では、安全保障における「フリーライド」とは、ドイツの国としてのアイデンティティの核心部分であったのである。

トランプ大統領はまた、通商政策をウィン・ウィンではなくゼロサムで考え、より厳しい政策対応を見せた。トランプ政権発足から数日後、国家通商会議（NTC）のピーター・ナバロ議長は、ドイツが他のEU加盟国と米国を「食い物にする」ために「非常に過小評価された」ユーロを利用していると述べ、欧州の一部諸国もこれに同意したのである[8]。トランプ氏はまた、米国経済の各セクターや個別企業を保護するために介入も厭《いと》わない姿勢を示したため、ドイツとの緊張はいやが上にも高まった。とりわけ懸念されたのは、トランプ大統領が関税を課すと言及していたドイツの自動車産業だった。ドイツにとって懸念されるさらに悪いシナリオは、現在の国際通商システムが崩壊することであり、それは国際経済におけるNATO崩壊ともいうべき事態であった。

このような状況を考えれば、トランプ政権発足後、安全保障政策の場合のように、ドイツが経済面でも対策を打つ必要性があった。それは２０００年代以降に発展してきた輸出への過度な依存を減らすことを意味していた。ドイツの内需拡大は、欧州の国々にとっても歓迎すべきことであった。しかしながら、安全保障政策の場合と同様に、国としてのアイデンティティに関わる部分があるため、根強い抵抗感もあった。ドイツが自国を「平和国家」と位置付けるのと同様に、自国を「輸出国家(Exportnation)」であるとも位置付けるようになっていたからである。言い換えれば、安全保障においても経済においても、「フリーライド」はドイツ国民のアイデンティティの核に深く結びついていたのである。

　トランプ大統領の選出は、欧州におけるドイツの役割にも重大な影響を与える可能性がある。とりわけ、第二次大戦後とは全く異なる形で、軍事力がＥＵ加盟国間関係の要因になるだろう。これまでフランスや英国のような国々は、欧州を越えて戦力投射能力を持つことを許されてきたが、ＥＵ加盟国領内では許されてこなかった。とりわけ、欧州の安全保障への米国の関与は、他のＥＵ加盟国に軍事的に依存する必要はないことを意味していたため、軍事力は交渉事における梃子《てこ》として使うことができなかったのである。ところが、トランプ大統領が生み出した米国の関与に関する疑念は、そうした状況を変えてしまう可能性がある。特に、フランスに対するドイツの立場は劇的に弱くなる可能性があるのである。

　このようにトランプ大統領の選出は、欧州におけるドイツ優位の状態が脆弱な基盤に根差していたことを図らずも明らかにした。米国が同盟や通商へのアプローチを再検討する在り様が懸念されるほどには大胆ではなかったにせよ、トランプ大統領が作り出した欧州の安全保障への米国の関与に関する不確実性はそれ自体、欧州における役割を含め、ドイツに重大な影響を与える可能性がある。

ユーロ危機以降、ドイツは欧州の事実上のリーダーとして考えられてきた。しかしながら、米国の外交政策の変更は、欧州におけるドイツの「覇権」に関する幻想を打ち砕く可能性があり、ドイツの「準覇権」の状態すら、いずれ終止符が打たれる可能性も秘めていると言えよう。

nytimes.com/2016/07/22/us/politics/donald-trump-foreign-policy-interview.html?_r=0.

8 Shawn Donnan, "Trump's top trade adviser accuses Germany of currency exploitation," *Financial Times*, January 31, 2017, https://www.ft.com/content/57f104d2-e742-11e6-893c-082c54a7f539; Jim Brunsden and James Politi, "US objections revive European criticism of German trade policy", *Financial Times*, 1 February 2017, https://www.ft.com/content/66c1ffcc-e899-11e6-967b-c88452263daf.

軍事支援の拒否については次を参照。Michael R. Gordon, Alison Smale and Steven Erlanger, "Western Nations Split on Arming Kiev Forces", *New York Times*, 7 February 2015, https://www.nytimes.com/2015/02/08/world/europe/divisions-on-display-over-western-response-to-ukraine-at-security-conference.html

5 Review 2104, final report, March 2015, https://www.auswaertiges-amt.de/cae/servlet/contentblob/699442/publicationFile /203008/Schlussbericht.pdf

6 Philipp Oltermann, "Merkel 'gambling away' Germany's reputation over Greece, says Habermas", *Guardian*, 16 July 2015, https://www.theguardian.com/business/2015/jul/16/merkel-gambling-away-germanys-reputation-over-greece-says-habermas

7 Tweet by Paul de Grauwe, 12 July 2015, https://twitter.com/pdegrauwe/status/620348860481806336

8 "Italy's Renzi to tell Germany to accept Greece deal: newspaper", *Reuters*, 12 July 2015, https://www.reuters.com/article/us-eurozone-greece-renzi-idUSKCN0PM08320150712

▼ 日本語版への補遺

1 "Merkel spricht von 'Einschnitt für Europa", *Spiegel Online*, 24 June 2016, https://www.spiegel.de/politik/deutschland/brexit-merkel-spricht-von-einschnitt-fuer-europa-a-1099592.html.

2 ウルズラ・フォンデアライエン国防相が2015年2月6日、ミュンヘン安全保障会議で行った演説。Speech by Federal Minister of Defence Ursula von der Leyen, Munich Security Conference, 6 February 2015, https://www.securityconference.de/fileadmin/MSC_/2015/Freitag/150206-2015_Rede_vdL_MSC_Englisch-1_Kopie_.pdf.

3 例えば次を参照。Peter Bofinger, "Here is one export Germany should not be making," *Financial Times*, June 6, 2016, http://www.ft.com/intl/cms/s/0/da5b543c-2bbc-11e6-bf8d-26294ad519fc.html#axzz4AxwJntef. この中でBofingerは「ドイツ経済はドイツの学者や政策立案者から強く批判されている国々の需要管理政策によって支えられ、他国の需要政策にフリーライドしている」と書いている。

4 Robert Gates, "The Security and Defense Agenda (Future of NATO)," June 10, 2011, http://archive.defense.gov/Speeches/Speech.aspx?SpeechID=1581.

5 Shawn Donnan, "US adds China, Germany and Japan to new currency watchlist," *Financial Times*, April 29, 2016, https://www.ft.com/content/9d8533f4-0e3c-11e6-9cd4-2be898308be3.

6 Bloomberg, "Complete Donald Trump Interview: NATO, Nukes, Muslim World, and Clinton," March 23, 2016, http://www.bloomberg.com/politics/videos/2016-03-23/complete-trump-interview-nato-nukes-muslims-and-hillary.

7 David Sanger and Maggie Haberman, "Donald Trump Sets Conditions for Defending NATO Allies Against Attack," *The New York Times*, July 20, 2016, http://www.nytimes.com/2016/07/21/us/politics/donald-trump-issues.html; *The New York Times*, "Transcript: Donald Trump on NATO, Turkey's Coup Attempt and the World," July 21, 2016, http://www.

out of love with Europe", p.19; David Marsh, *Europe's Deadlock. How the Euro Crisis Could Be Solved –and Why It Won't Happen* (New Haven and London: Yale University Press, 2013), p.116.

12 Kenneth Dyson, "Germany, the Euro Crisis and the Future of Europe; Europe's Reluctant and Vulnerable Hegemonic Power", 筆者に提供された草稿、p.14.

13 Winkler, *The Long Road West, Volume II*, p.580

14 Heinrich August Winkler, "Greatness and Limits of the West. The History of an Unfinished Project", Ralf Dahrenodorf Lecture, London School of Economics, 7 October 2010, http://www.lse.ac.uk/europeanInstitute/LEQS%20Discussion%20Paper%20Series/LEQSPaper30.pdf

15 "Old Alliances or New Partnerships?", *IP Global Edition*, September/October 2011, p.4. 世論調査は 2011 年 8 月に、同誌の委託で世論調査期間 Forsa が実施した。

16 Infratest dimap, Eine Umfrage zur politischen Stimmung im Auftrag der ARD-Tagesthemen und der Tageszeitung Die Welt, April 2014, https://www.infratest-dimap.de/fileadmin/_migrated/content_uploads/dt1404_bericht.pdf

17 Jacques Schuster, "Deutschland verabschidet sich langsam vom Westen", 22 April 2014, https://www.welt.de/debatte/kommentare/article127197927/Deutschland-verabschiedet-sich-langsam-vom-Westen.html; Christiane Hoffmann and René Pfister, "Part of the West? 'German Leftists Have Still Not Understood Putin'", *Spiegel Online*, 27 June 2014, http://www.spiegel.de/international/germany/interview-with-historian-heinrich-winkler-about-germany-and-the-west-a-977649.html. John Vincour, "Germany Turns Against the West on Russia", *Wall Street Journal*, 28 April 2014, https://www.wsj.com/articles/the-chancellor-s-choice-1398711229#_=_

▼補遺

1 "Germany's role in the world: Reflections on responsibility, norms and alliances", Speech by Federal President Joachim Gauck at the opening of the Munich Security Conference, 31 January 2014, <https://www.bundespraesident.de/SharedDocs/Downloads/DE/Reden/2014/01/140131-Muenchner-Sicherheitskonferenz-Englisch.pdf?__blob=publicationFile>.

2 Alison Smale, "Spurred by Global Crises, Germany Weighs a More Muscular Foreign Policy", *New York Times*, 1 February 2014, https://www.nytimes.com/2014/02/02/world/europe/spurred-by-global-crises-germany-weighs-a-more-muscular-foreign-policy.html

3 Infratest Dimap, Eine Umfrage zur politischen Stimmung imAuftrag der ARD-Tagesthemen und der Tageszeitung Die Welt, August 2014, https://www.infratest-dimap.de/fileadmin/user_upload/dt1609_bericht.pdf

4 Michael R. Gordon and Eric Schmitt, "U.S. Considers Supplying Arms to Ukraine Forces, Officials Say", *New York Times*, 1 February 2015, https://www.nytimes.com/2015/02/02/world/us-taking-a-fresh-look-at-arming-kiev-forces.html. メルケル首相によるウクライナへの

▼結論

1 Jürgen Habermas, "Germany's mindset has become solipsistic", *Guardian*, 11 June 2010, https://www.theguardian.com/commentisfree/2010/jun/11/germany-normality-self-absorption

2 次を参照。Hans Kundnani, "Was für ein Hegemon?", *Internationale Politik*, May/June 2012, pp.21-25, https://zeitschrift-ip.dgap.org/de/ip-die-zeitschrift/archiv/jahrgang-2012/mai-juni/was-f%C3%BCr-ein-hegemon.

3 次を参照。Stefan Kornelius, "Hegemon wider Willen", *Süddeutsche Zeitung*, 28 November 2010, http://www.sueddeutsche.de/politik/euro-krise-hegemon-wider-willen-1.1028932; Christoph Schönberger, "Hegemon wider Willen. Zur Stellung Deutschlands in der Europäischen Union", *Merkur*, January 2012, 66. Jahrgang, Heft 752, pp 1-8: William E. Paterson, "The Reluctant Hegemon? Germany moves Centre Stage in the European Union", *Journal of Common Market Studies*, 49: I, September 2011 pp.57-75.

4 Radek Sikorski, "Poland and the future of the European Union", Berlin, 28 November 2011, http://www.mfa.gov.pl/resource/33ce6061-ec12-4da1-a145-01e2995c6302:JCR

5 ショイブレ財務相の演説。Rede des Bundesministers der Finanzen Dr. Wolfgang Schäuble an der Université Paris-Sorbonne, 2 November 2010, http://www.bundesfinanzministerium.de/Content/DE/Reden/2010/2010-11-02-sorbonne.html

6 「協力的覇権国家」(cooperative hegemon)の概念については、次を参照。Thomas Pederson, *Germany, and France and the Integration of Europe* (London and New York, Pinter 1998).

7 ドイツの歴史家はドイツの欧州における「準覇権」の再来を議論している。次を参照。Andreas Wirsching, "Der Grosse Preis", *Frankfurter Allgemeine Zeitung*, 11 September 2012, http://www.faz.net/aktuell/feuilleton/debatten/europas-zukunft/gastbeitrag-zur-zukunft-europas-der-grosse-preis-11886472.html; Andreas Rödder, "Dilemma und Strategie", *Frankfurter Allgemeine Zeitung*, 13 January 2013, http://www.faz.net/aktuell/politik/die-gegenwart/europa-dilemma-und-strategie-12023770.html; Dominik Geppert, "Halbe Hegemonie: Das Deutsche Dilemma", *Aus Politik und Zeitgeschichte*, 6-7/2013, $ February 2013, http://www.bpb.de/apuz/154378/halbe-hegemonie-das-deutsche-dilemma?p=all; Dominik Geppert, "Die Ruckkehr der deutschen Frage", *Journal of Modern European History*, Volume II, Number 3, August 2013, pp.272-278.

8 Lucio Caracciolo とのメールによる。

9 例えば次を参照。A., Wess Mitschell and Jan Havranek, "Atlanticism in Retreat", *The American Interest*, November/December 2013, https://www.the-american-interest.com/2013/10/10/atlanticism-in-retreat/

10 George Soros, "The Tragedy of the European Union and How to Resolve It", *New York Review of Books*, 27 September 2012, http://www.nybooks.com/articles/2012/09/27/tragedy-european-union-and-how-resolve-it/

11 ユーロ圏における「同盟の悪夢」の概念については、次を参照。Proissl, "Why Germany fell

29 Melissa Eddy, "Support Grows in Germany for Vote on Giving Up Power to European Bloc", *New York Times*, 18 August 2012, http://www.nytimes.com/2012/08/19/world/europe/referendum-on-europe-gains-support-in-germanhy.html?_r=0

30 Robert Gates, speech at the National Defense University, Washington, D.C., 23 February 2010, http://www.defense.gov/speeches/speech.aspx?speechid=1423

31 Robert Gates, speech in Brussels, 10 June 2011, http://www.defense.gov/speeches/speech.aspx?speechid=1581

32 ドイツの武器売却に関する決定は、首相と首相府長官のほか、7名の閣僚からなる連邦安全保障協議会（Bundessicherheitsrat）で秘密裏になされる。経済省は武器に関する年間報告を公表している。

33 "German Weapons for the World: How the Merkel Doctrine Is Changing Berlin Policy", *Der Spiegel*, 3 December 2012, http://www.spiegel.de.internaitonal/germany/german-weapons-exports-on-the-rise-as-merkel-doctorine-takes-hold-a-870596.html

34 Stockholm International Peace Research Institute, data on suppliers and recipients of major conventional weapons, 2006-10, http://www.sipri.org/yearbook/2011/06/06A

35 Bundesministerium für Wirtschaft und Technologie, Bericht der Bundesregierung über ihre Exportpolitik für konventionelle Rüstungsgüter im Jahre 2011. Rüstungsexportbericht 2011, September 2012, http://www.sipri.org/research/armaments/transfers/transparency/national_reports/germany/germany=2011

36 Robert Cooper, "The post-modern state and the world order", *Demos*, 2000, http://www.demos.co.uk/files/postmodernstate.pdf

37 Cooper, "The post-modern state and the world order", p.37.

38 同論文。

39 ハードパワーとソフトパワーについては次を参照。Joseph S. Nye, *Soft Power: The Means To Success In World Politics*, (New York: PublicAffairs, 2004).

40 この部分の議論については次を参照。Hans Kundnani, "Germany as a geo-economic power", *Washington Quarterly*, 34:3 Summer 2011, pp.31-45, https://csis-prod.s3.amazonaws.com/s3fs-public/legacy_files/files/publication/twq11summerkundnani.pdf

41 Edward Luttwak, "From geopolitics to geo-economics", *The National Interest*, Summer 1990, pp.17-24. Reprinted in *The New Shape of World Politics* (New York: Norton, 1999), pp.177-186.

42 Luttwak, "From geopolitics to geo-economics", p.178.

43 同論文、180頁。

44 同論文、185頁。

45 同論文。

46 次を参照。Mark Leonard, *What Does China Think?* (London: Fourth Estate, 2008). pp.84-6.

und Zeitgeschte, 10, 2012, 5 March 2012, http://www.bpb.de/apuz/75786/eine- deutsche-versuchung-oestliche-horizonte?p?all

16 Wolfgang Proissl, "Why Germany fell out of love with Europe", *Bruegel*, July 2010, p.8, http://www.bruegel.org/publications/publication-detail/publication/417-why-germany-fell-out-of-love-with-europe/

17 この時期におけるメルケル首相の考え方については、次を参照。Stefan Kornelius, *Angela Merkel: Die Kanzlerin und ihre Welt* (Hamburg: Hoffman und Campe, 2013), pp.261-267.

18 Paul Krugman, "What ails Europe?", *New York Times*, 26 February 2012, http://www.nytimes.com/2012/02/27/opinion/krugman-what-ails-europe.html.

19 Carsten Volkery, "Die Nacht, in der Merkel verlor", *Spiegel Online*, 29 June 2012, http:www.spiegel.de/politik/ausland/angela-merkel-erleidet-bei-eu-gipfel-niderlage-a-841653.html

20 Ferdinand Dyck, Martin Hesse and Alexander Jung, "The inflation monster: How Monetary Policy Threatens Savings", *Der Spiegel*, 8 October 2012, http://www.spiegel.de/international/europe/how-central-banks-are-threatening-the-savings-of-normal-germans-a-860021.html

21 Michael Stern, "Bond sceptic caught between devil and ECB", *Financial Times*, 18 September 2012, http://www.ft.com/cms/s/o/558d7996-01af-11e2-8aaa-0014feabdco.html?siteediton=uk#axzz2dRrU57UQ. ワイドマン（Weidmann）の英語のスピーチは次を参照。http://www.bundesbank.de/redaktion/EN/Reden/2012/2012-09-20_widman_money_creaktion_and_responsibility.html

22 この部分の議論は次の論文に多くを負っている。Hans Kundnani, "Europe and the Return of History", *Journal of Modern European History*, Volume 11, Number 3, August 2013, pp.279-286.

23 "Towards a Genuine Economic and Monetary Union", 5 December 2012, http://www.consilium.europa.eu/uedocs/cms_Data/docs/pressdata/en/ec/134069.pdf

24 Speech at St. Antony's College, Oxford, 28 October 2012, http://www.sant.ox.ac.uk/esc/docs/SchäubleTranscript.pdf

25 Thomas Klau, François Godement and José Ignacio Torreblanca, "Beyond Maastricht: A New Deal for the Eurozone", European Council on Foreign Relations, December 2010, http://www.ecfr.eu/page/-/ECFR26_BEYOND_MAASTRICHT_AW(2).pdf

26 Ian Traynor, "As the dust settles, a cold new Europe with Germany in charge will emerge", *Guardian*, 9 December 2011, http://www.guardian.co.uk/business/2011/dec/09/dust-settles-cold-europe-germany?newsfeed=true

27 Martin Wolf, "What Hollande Must Tell Germany", *Financial Times*, 8 May 2012, http://www.ft.com/cms/s/o/51bf429c-98f8-11e1-948a-00144feabdco.html#axzzHrtaTm4i

28 George Soros, "Remarks at the Festival of Economic, Trento Italy", 2 June 2012, http://www.georgesoros.com/interviews-speeches/entry/remarks_at_the _festival_of_economics_trento_italy/

http://www.project-syndicate.org/comemtary/why-germany-should-lead-or-leave-by-george-soros

2 Jack Ewing, "In Euro Crisis, Fingers Can Point in All Directions", *New York Times*, 24 August 2012, http://www.nytimes.com/2012/08/25/business/global/in-euro-crisis-plenty-of-blae-to-go-around.htmlpagewanted=all?

3 Joschka Fischer, "Frau Germania", *Süddeutsche Zeitung*, 29 March 2010, http://www.sueddeutsche.de/politik/merkel-und-europa-frau-germania-1.10508

4 ユーロ圏における非対称的な調整方法については、次を参照。Paul de Grauwe, "In search of symmetry in the eurozone", Centre for European Policy Studies, May 2012, http//www.ceps.eu/book/search-symetry-eurozone

5 "' Politik zum Schieflachen'. Interview mit Helmut Schmidt", *Cicero*, June 2010, https://www.cicero.de/innenpolitik/%E2%80%9Epolitik-zum-schieflachen/40973

6 "' Wir müssen wieder Zuversicht geben.' Helmut Kohl über eine Außenpolitik, der es an Verlässlichkeit mangelt", *Internationale Politik*, September-October 2011, http://zeitschrift-ip.dgap.org/de/ip-diezeitschfit/archiv/jahrgang-2011/september-oktober,,wir-müssen-wieder-zuversicht-geben

7 次を参照。"Shaping Globalization – Expanding Partnerships – Sharing Responsibility. A strategy paper by the German Government", 2012, http://www.auswaertiges-amt.de/cae/servlet/contentblob/616584/publicaitonFile167908/Gestaltungsmaechtekonzept%20engl.pdf

8 UniCredit Economics research, *UniCredit Weekly Focus*, No. 12, 12 April 2012, https://www.research.unicreditgroup.eu/DocsKey/economics_docs_2012_125939.ashx?KEY=C814QI31EjqIm_1zIJDBJGvd\rOCUpzh2jykB-Gfl5A%3D&EXT=pdf

9 次を参照。Nele Noesselt, "Strategiewechsel in der chinesischen Europapolitik: Umweg über Deutschland?", German Institute for Global and Area Studies, 2011, http://www.giga-hamburg.de/dl/download.php?d=/content/publikationen/pdf/gf_asien_1106.pdf

10 中国当局者に 2012 年 3 月に北京で実施したインタビュー。

11 Martin Wolf, "China and Germany unite to impose global deflation", *Financial Times*, 16 March 2010, http://www.ft.com/cms/s/o/cdo1f69e-3134-11df-8e6f-00144feabdco.html

12 Deutch-Chinesischés Kommunique, 16 July 2010, http://www.bundesregierng.de/Content/DE/Artikel/2010/07/2010-07-16-deutsch-chinesisches-kommunique.html

13 Interview on 5 August 2010, 次で引用。Jana Randow and Holger Elfes, "Germany Ignores Soros as Exports Boom at Consumers' Expense", Bloomberg, 18 August 2010 http://www.bloomberg.com/news/2010-08-17/germany-ignores-soros-as-exports-drive-record-growth-at-consumers-expense.html

14 中国のアナリストに 2012 年 3 月に北京で実施したインタビュー。

15 例えば次を参照。Ulrike Guérot, "Eine deutsche Versuchung: östliche Horizonte?", *Aus Politik*

34 筆者の複数の中国人官僚とのインタビュー。2012 年 3 月、ベルリンにて。

35 Gerd Appenzeller, "Die Deutschland-AG ist wieder da", *Der Tagesspiegel*, 5 March 2013 http://www.tagesspiegel.dewirtschaft-exorthilfe-die-deutchland-ag-ist-wieder-da/7882394.htm.

36 Stephen F. Szabo, "Can Berlin and Washington Agree on Russia?", p.24.

37 Schröder, *Entscheidungen*, p.141.

38 *Der Spiegel*, 10 März 2010. 筆者が承知する限り、この用語を使用したのはラムズドルフが初めてである。引用は "Duell der Titanen" より。

39 判決の全文は次を参照。http://www.bundesverfassungsgericht.de/entscheidungen/ es20090630_2bve000208en.html

40 摩擦を伴う（attritional）多国間主義については、次を参照。Timothy Garton Ash, "Germany' s Choice", *Foreign Affairs*, July/August 1994, p.71. http://www..foreignaffairs.com/articles/50101/timothy-garton-ash/germanys-choice

41 中国による「新帝国主義」概念については、次を参照。David Shambaugh, "Coping with a Conflicted China", *Washington Quarterly*, 34, 1, Winter 2011, p.11

42 例えば、次を参照。Sebastian Dullien, "Wieso die Schuldenbremse Wahnsinn ist", *Spiegel Online*, 9 Februarz 2009, http://www.spiegel.de/wirtschaft/kommentar-wieso-die-schuldenbremse-wahnsinn-ist-a-606389.html

43 Tooze, "Germany' s unsustainable growth".

44 Paul Krugman, *End this Depression Now!* (New York: Norton, 2012), p.xxii.

45 " 'It Doesn' t Exist!' Germany' s outspoken finance minister on the hopeless search for 'the Great Rescue Plan' ", *Newsweek*, 5 December 2008 http://thedailybeast.com/neewsweek/2008/12/05/it-doesn-t-exist.html

46 Paul Krugman, "The economic consequences of Herr Steinbrueck", *New York Times*, 11 December 2008 http://krugman.blog.nytimes.com/2008/12/11/the-economic-consequences-of-herr-steinbrueck/?_r=1

47 引用は次を参照。Marcus Walker, "Is Germany Turning into the Strong, Silent Type?"

48 Maull, "Zivilmacht' : Karriere eines Begriffs", p.20.

49 ドイツ人の思考における反米主義の歴史については、次を参照。Dan Diner, *Feindbild Amerika: Über die Beständigkeit eines Ressentiments* (München: Propyläen, 2002).

50 2008 年以降の「ドイツ・モデル」概念の再興については、次を参照。Andreas Rödder, „ 'Modell Deutschland ' 1950 – 2011. Konjunkturen einer bundesdeutschen Ordnungsvorstellung", in Tilman Mayer, Karl-Heinz Paqué and Andreas Apelt, *Modell Deutschland* (Berlin: Duncker & Humbolt, 2013), pp.39-51.

▼第 6 章

1 George Soros, "Why Germany Should Lead or Leave", *Project Syndicate*, 8 September 2012,

(Princeton/Oxford: Princeton University Press, 2010), p.47.

15 Philip Whyte, "Why Germany is not a model for the eurozone", Centre for European Reform, October 2010, p.7 http://www.cer.org.uk/sites/default/files/publications/attachments/pdf/2010/ essay_germany_eurozone_oct10-189.pdf

16 Adam Tooze, "Germany's unsustainable growth", *Foreign Affairs*, September/October 2012 http://www.foreignaffairs.com/articles/137834/adam-tooze/germanys-unsustainable-growth

17 Posen, "Getting Germany Past Internal Devaluation".

18 Paul Krugman, "Can Europe be saved?", *New York Times*, 12 January 2011 http://www.nytimes.com/2011/01/16/magazine/16Europe-t.html?page wanted=all&_r=o

19 Martin Wolf, "The German model is not for export", *Financial Times*, 7 May 2013 http://www.ft.com/cms/s/o/aacd1beo-b637-11e2-93ba-00144feabdco.html

20 Andrew Moravcsik, "Europe after the Crisis", *Foreign Affairs*, May/June 2012 http://www.foreignaffairs.com/articles/137421/andrew-moravcsik/europe-after-the-crisis"

21 Tilford, "How to save the euro", p.3.

22 Simon Tilford, "Will the Eurozone Crack?", Centre for European Reform, September 2006 http:// www.cer.org.uk/sites/default/files/publications/attachments/pdf/2011/p_688_eurozone_crack_42-892.pdf

23 筆者のドイツ人官僚とのインタビュー。2012年4月11日、ベルリンにて。

24 Dorothee Tschampa, Alexandra Ho and Christoph Rauwald, "Mercedes Revamps the S-Class to Lure China's Wealthy Buyers", *Business Week*, 13 May 2013 http://www.businessweek.com/articles/20103-05-16/mercedes-revamps-the-s-class-to-lure -chinas-wealthy-buyers

25 Moravcsik, "Europe after the Crisis".

26 Hans Kundnani, "Russia or the West?" *Prospect*, 25 October 2008 http://www.prospectmagazine.co.uk/magazine/russiaorthewest

27 Stephen F. Szabo, "Can Berlin and Washington Agree on Russia?", *Washington Quarterly*, 32:4, October 2009, pp.23 – 41 http://www.gmfus.org/wp-content/files, p.30.

28 Alexander Rahr, "Germany and Russia a special relationship", *Washington Quarterly*, 30:2, Spring 2007, pp.137-145.

29 Schröder, *Entscheidungen*, pp.139-40.

30 同書、143頁。

31 "Merkel in China: 'Mut zu kritischen Tönen'", *Frankfurter Allgemeine Zeitung*, 23 May 2006 at http://www.faz.net/aktuell/politik/ausland/merkel-in-china-mut-zu-kritischen-tönen-1327483.html

32 "Chinas Regierung lässt jubeln", *Frankfurter Allgemeine Zeitung*, 26 January 2008 http://www.seiten.faz.-archiv.de/faz/20080215/fd2200801261546704.html

33 Felix Heiduk, "Conflicting images? Germany and the Rise of China", *German Politics*, Volume 23, Issue 1 – 2, 2014, pp.118 – 133.

Affairs, 87, 2, 2011, pp.397 – 417 http://www.chathamhouse.org/sites/default/files/public/International%20Affairs/2011/87_2noetzel.pdf

60 Thomas Schmid, "Im Wohnzimmer durch die Welt", *Internationale Politik*, November/December 2010 https://yeitschrit-ip.dgap.org/de/ip-im-wohnzimmer-durch-die-welt.

▼第５章

1 Marcus Walker, "Is Germany Turning into the Strong, Silent Type?", *Wall Street Journal*, 27 June 2011, http://online.wsj.com/article/SB10001424052702304259304576373281798293222.html

2 Bodo Hombach, *The Politics of the New Centre* (Cambridge: Polity, 2000), p.105.

3 シュレーダー改革の効果については、次を参照。Sebastian Dullien, "German reforms as a blueprint for Europe?" in Stefan Collignon and Piero Esposito, *Competitiveness in the European Economy* (London: Routledge, 2014), pp.146 – 160.

4 Margit Feher, "Audi Expands Hungary Plant to Make Model A3 Limousine", *Wall Street Journal*, 12 June 2013, at http://blogs.wsj.com/emergingeurope/2013/06/12/

5 "Europe's future in an age of austerity", Centre for European Reform conference report, Ditchley Park, Oxfordshire, 9 – 10 November 2012, p.6 http://www.cer.org.uk/site/default/files/publications/ attachments/pdf/2012ditchley_event_rpt14dec12-6728.pdf

6 Anke Hassel, "The Paradox of Liberalization. Understanding dualism and the recovery of the German political economy", LSE discussion paper September 2011, p.12 http://www.lse.ac.uk/europeanInstitute/ LEQS/LEQSPaper42.pdf

7 International Labor Organization, Global Wage Report 2010/11, December 2010, http://www.ilo.org/wcmsp5/groups/public/@dgreports/@dcomm/@publ/docments/publication/wcms_145265.pdf

8 Dullien, "German reforms as a blueprint for Europe?", p.151.

9 フランスとドイツの生産性向上については次を参照。Dullien, "German reforms as a blueprint for Europe?", pp.152 -153.

10 Adam S. Posen, "Getting Germany Past Internal Devaluation", Peterson Institute for International Economics, 9 June 2013, http://www.iie.com/publications/opeds/oped.cfm?ResearchID=2424

11 World Bank figures, http://data.worldbank.org/indicator/NE.EXP.GNFS.ZS?page=2

12 Simon Tilford, "How to save the euro", Centre for European Reform, September 2010, p.3 http://www.cer.org.uk/sites/default/files/publications/attachments/pdf/2011/essay_germany_eurozne_oct10_189.pdf

13 Arndt Ellinghorst, head of automotive research at Credit Suisse, Bloomberg German Economic Summit, London, 9 July 2012.

14 Raghuram Rajan, *Fault Lines: How Hidden Fractures Still Threaten the World Economy*

eines politischen Abenteuers (München/Hamburg: Deutsche Verlags-Anstalt/Spiegel-Buchverlag, 2005), p.202.

38 ベルリンにて 2008 年 8 月 27 日に実施したシュレーダー氏とのインタビュー。

39 Egon Bahr, *Der deutsche Weg: Selbstverständlich und normal* (München: Blessing, 2003).

40 同書、136 – 7 頁。

41 同書。

42 同書。

43 同書、139 頁。

44 同書、146 頁。

45 同書、103 頁。

46 同書、102 – 103 頁。

47 同書、9 頁。

48 同書、135 頁。

49 ベルリンにて 2008 年 8 月 27 日に実施したシュレーダー氏とのインタビュー。

50 同インタビュー。

51 同インタビュー。また、次も参照。Schröder, *Entscheidungen*, p.246.

52 Steven Erlanger, "German Seeks A New Force Led by NATO In Macedonia", *New York Times*, 9 September 2001 http://www.nytimes.com/2001/09/09/world/german-seels-a-new-force-led-by-nato-in-macedonia.html

53 Stefan Kornelius, "Der unerklärte Krieg Deutschlands Selbstbetrug in Afghanistan", Körber Stiftung, June 2009, pp.39-40.

54 ロンドンで 2007 年 10 月 30 日に実施した英国軍幹部とのインタビュー。

55 Timo Noetzel and Thomas Rid, "Germany' s Options in Afghanistan", *Survival*, 51: 5 October – November 2009, pp.71 – 90; Timo Noetzel, "Germany' s small war in Afghanistan: Military Learning amid Politico-strategic Inertia", *Contemporary security Policy*, 31: 3, December 2010, pp.486-508; Timo Noetzel, "The German politics of war: Kunduz and the war in Afghanistan", *International Affairs*, 87: 2, 2011, pp.397 – 417.

56 Sozialwissenshaftliches Institut der Bundeswehr, Sicherheits- und verteidigungspolitisches Meinungsklima in Deutschland. Ergebnisse der Bevölkerungsbefragung Oktober/November 2009, *Kurzbericht*, January 2010, pp.33 – 37.

57 Kornelius, *Der unerklärte Krieg*, p.9.

58 Rajiv Chandrasekaran, "Decision on Airstrike in Afghanistan Was Based Largely on Sole Informant' s Assessment", *Washington Post*, 6 September 2009 at http://www.washingtonpost.com/wp-dyn/content/article/2009/09/05/AR2009090502832.html

59 クンドゥズ空爆事件がドイツのアフガニスタン政策に与えた影響については、次を参照。Timo Noetzel, "The German politics of war: Kunduz and the war in Afghanistan", *International*

20 同書。

21 Christopher Rhoads, "A Flood of War Memories Spur Germany's Current Iraq Stance", *Wall Street Journal*, 25 February 2003 http://online.wsj.com/article/o,,SB105478612913264900,00.html

22 同記事。

23 Jörg Fiedrich, *Der Brand: Deutschland im Bombenkrieg 1940 – 1945* (München: Propyläen, 2002).

24 Bill Niven, "Introduction: German Victimhood at the Turn of the Millennium", in Niven (ed.), *Germans as Victims*, pp. 1- 25, 特に p.14.

25 Andreas Huyssen, "Air War Legacies: From Dresden to Baghdad" in Niven (ed.), *Germans as Victims*, pp. 181- 193, 特に p.188.

26 Niven (ed.), *Germans as Victims*, p. 182. Richard Bernstein, "Germans Revisit War's Agony, Ending a Taboo", *New York Times*, 15 March 2003 http://www.nytimes.com/2003/03/15/international/europe/15DRES.html

27 Rhoads, "Behind Iraq Stance in Germany: Flood of War Memories".

28 アウシュビッツとドレスデンについては、次を参照。George Packer, "Embers", *New Yorker*, 1 February 2010 http://www.newyorker.com/reporting/2010/02/11/100201fa_fact_packer

29 ここでの議論は、著者の次の論文で展開した議論による。Hans Kundnani, "The Concept of "Normality" in German Foreign Policy since Unification", *German Politics and Society*, volume 30, Issue 2, Summer 2012, pp. 38 -58.〔**【訳者注】** 著者はこの論文で、ドイツの外交政策に関する議論で使用される normality（ドイツ語で Normalität）という用語に着目し、次の３つの意味で用いられていると述べている。第１に、ナチスの過去との関係を切り離し、従って過去の歴史に制約されない、自信ある外交政策、第２に、NATO の他の同盟国と同じ水準で武力行使ができる同盟国としての能力、第３に、国益を追求する主権国家としての姿―― の３点である。Normality や normal は「正常」「普通」などと訳されることが多いが、例えば第１の場合は「正常な外交政策」、第２や第３などの場合は「普通の同盟国」「普通の国」などと訳出した。〕

30 Rede von Bundeskanzler Gerhard Schröder anlässlich der 35, Münchener Tagung für Sicherheitspolitik, München, 6 Februarz 1999.

31 2010年９月29日のスピーチ。次より引用。Hellmann, Weber and Sauer, *Die Semantik der neuen deutschen Außenpolitik*, p.133.

32 ベルリンで2008年８月27日に実施したシュレーダー氏とのインタビュー。

33 Egon Bahr, "Die 'Normalisierung' der deutschen Außenpolitk: Mündige Partnerschaft statt bequemer Vormundschaft", *Internationale Politik*, 54, I, 1999.

34 同論文、42頁。

35 同論文、41頁。

36 同論文、44頁。

37 例えば、Matthias Geyer, Dirk Kurbjuweit and Cordt Schnibben, *Operation Rot-Grün: Geschichte*

http://www.foreignaffairs.com/articles/59180/ronald-d-asmus/rebuilding-the-atlantic-alliance

7 Steven Erlanger, "Stance on Bush Policy Could Swing Election in Germany", *New York Times*, 9 September 2002.

8 米国は、イラクに大量破壊兵器（WMD）があるという主張について、ドイツの対外情報機関である連邦情報庁（BND）の指揮下にあった「策略（Curveball）」として知られる情報源によるところが大きかったとしている。「策略」の本当の氏名は、ドイツに1999年に入国し、亡命を申請したイラク人のラフィド・アハメド・アルワン氏だった。イラクにある生物兵器工場で働いていた化学技術者であると虚偽の説明をしていた。連邦情報庁はこの情報を米国の防衛情報庁（DIA）に提供したものの、DIAや米国のこの他の機関に対して、本人に直接接触することは許可しなかった。

9 同記事。

10 ベルリンで2008年8月27日に実施したシュレーダー氏との別のインタビュー。

11 "Das Comeback des Kanzlers", *Der Spiegel*, 16 September 2002 http://www.spiegel.de/print/d-25180468.html

12 ベルリンで2008年9月1日に実施したフィッシャー氏とのインタビュー。John Hooper, "Fischer rejects Chancellor's 'German way'", *Guardian*, 15 October 2002 http://www.theguardian.com/world/2002/oct/15/germany.johnhooper

13 Michael R. Gordon, "German intelligence gave U.S. Iraqi defense plan, report says", *New York Times*, 27 February 2006 at http://www.nytimes.com/2006/02/27/politics/27germans.html?pagewanted=all&_r=o; Richard Bernstein and Michael R. Gordon, "Berlin file says Germany's spies aided U.S. in Iraq", *New York Times*, 2 March 2006. http://www.nytimes.com/2006/03/02/international/europe/02germany.html?hp&ex=1141362000&en=6efea12061967fbb&ei=5094&partner=homepage; Michael R. Gordon and General Bernard E. Trainor, *Cobra II: The Inside Story of the Invasion and Occupation of Iraq* (New York: Vintage, 2007), pp 140 – 142.

14 Szabo, *Parting Ways*, p.1.

15 Gerhard Schröder, *Entscheidungen: Mein Leben in der Politik* (Hamburg: Hoffmann und Campe, 2006), p.247.

16 François Heisbourg, "The French-German Duo and the Search for a New European Security Model", *International Spectator*, 3, 2004.

17 Szabo, *Parting Ways*, p.10.

18 Ruth Wittlinger, "Taboo or Tradition? The 'Germans as victims' theme in the Federal Republic until the mid-1990s", in Bill Niven (ed.) *Germans as victims: Remembering the past in contemporary Germany* (Basingstoke: Palgrave Macmillan, 2006), pp.62 – 75.

19 Eric Langenbacher, "The Mastered Past? Collective Memory Trends in Germany since Unification", in Jeffrey Anderson and Eric Langenbacher (eds), *From the Bonn to the Berlin Republic: Germany at the Twentieth Anniversary of Unification* (New York/Oxford: Berghahn, 2010), pp.63 – 89. 特に p.63.

Allgemeine Zeitung, 3 November 1998; "Total normal? " *Der Spiegel*, 3 November 1998.

46 外交政策の継続性に関しては、フィッシャーが外相就任直後に行われたツァイト誌とのインタビューを参照。"Ein Realo sieht die Welt", *Die Zeit*, 12 November 1998.

47 Michael Walzer, *Just and Unjust Wars*, (New York: Basic Books, 2000), p.xii.

48 Paul Berman, *Power and the Idealist: The passion of Joschka Fischer, and its aftermath*, (New York: Soft Skull Press, 2005), p.91.

49 Roger Cohen, "Germany' s Pragmatic Ex-Radical thinks globally", *New York Times*, 28 January 1999, http://www.nytimes.com/1999/01/28/world/germany-s-pragmatic-ex-radical-thinks-globallly.html

50 Joschka Fischer, *Die rot-grünen Jahre: Deutsche Außenpolitik – vom Kosovo bis zum 11.September* (Köln: Kiepenhauer und Witsch, 2007), p.185.

51 Frank Schirrmacher, "Luftkampf. Detuschlands Anteil am Krieg", *Frankfurter Allgemeine Zeitung*, 17 April 1999, http://www.seiten.faz-archiv.de/faz/19990417proz-100.html

52 著者が2008年8月27日にベルリンにて行ったシュレーダー元首相（Gerhard Schröder）とのインタビュー。

53 シュレーダー首相が1999年2月6日、第35回ミュンヘン安全保障会議において行った演説。Rede von Bundeskanzler Gerhard Schröder anlässlich der 35. Münchener Tagung für Sicherheitspolitik, München, 6 February 1999.

54 Günter Joetze, *Der letzte Krieg in Europa? Das Kosovo und die deutsche Politik*, (Stuttgart: Deutsche Verlags-Anstalt, 2001), p.8.

55 同書, p.1.

56 Winkler, *The Long Road West. Volume II*, p.587.

▼第4章

1 Steven Erlanger, "Germans Vote in a Tight Election in Which Bush, Hitler and Israel Became Key Issues", *New York Times*, 22 September 2002 http://www.nytimes.com/2002/09/22/world/germans-vote-tight-election-which-bush-hitler-israel-become-key-issues.html

2 Robert A. Pape, "Soft Balancing against the United States", *International Security*, Vol.30, No.1 (Summer 2005), pp.7 – 45. Pape は米国に対するソフト・バランシングについて「攻撃的で一国主義的な米国の軍事政策を遅らせ、挫折させ、阻害するために非軍事的手段を利用すること」と定義している。

3 Stephan F. Szabo, *Parting Ways: The Crisis in German-American Relations* (Washington, D.C.: Brookings Institution, 2004), p. 1.

4 同書129頁、79頁より引用。

5 Szabo, *Parting Ways*, p. 6.

6 Ronald D. Asmus, "Rebuilding the Atlantic Alliance", *Foreign Affairs*, September/October 2003,

legacy

30 Martin Feldstein, "EUM and International Conflict", *Foreign Affairs*, November/December 1997, http://www.foreignaffairs.com/articles/53576/martin-feldstein/emu-and-international-conflict

31 Habermas, *Vergangenheit als Zukunft*, p.191.

32 Speech on 23 August 1990. 引用は次を参照。Gunther Hellmann, Christian Weber and Frank Sauer（eds）, *Die Semantik der neuen deutschen Außenpolitik: Eine Analyse des außenpolitischen Vokabulars seit Mitte der 1980er Jahre*,（Wiesbaden: VS Verlag für Sozialwissenschaften 2008）p.131.

33 Speech on 13 March 1991. 引用は次を参照。Hellmann, Weber and Sauer, *Die Semantik der neuen deutschen Außenpolitik*, p.132.

34 「修正された継続性」（modified continuity）については、Sebastian Harnisch and Hanns W. Maull, *Germany as a civilian power? The foreign policy of the Berlin Republic* ,（Manchester: Manchester University Press, 2001）, p. 2.〔**【訳者注】**域外派兵に道を開くドイツの安全保障政策の変容を扱った日本語文献に、中村登志哉『ドイツの安全保障政策——平和主義と武力行使』（一藝社、2006年）がある。〕

35 Ludger Volmer, *Die Grünen und die Außenpolitik: Ein schwieriges Verhältnis*,（Münster: Verlag Westfäliges Dampfboot, 1998）, pp. 493 - 496.

36 Hanns W. Maull, „'Zivilmacht': Karriere eines Begriffs" Abschiedsvorlesung am 3. Mai 2013, pp.8 – 9, http://www.uni-trier.de/fileadmn/fb3/POL/Maull/Abschiedsvorlesung_Rev.pdf.

37 Cohn-Benditは次より引用。Wolfgang Kraushaar, *Fischer in Frankfurt. Karriere einers Außenseiters*（Hamburg: Hamburger Edition, 2001）, pp.106 – 107.

38 著者が2008年9月1日にベルリンにて行ったJoschka Fischerとのインタビュー。

39 スレブレニツァの大量虐殺がフィッシャーの考え方に与えた影響については、Kundnani, *Utopia or Auschwitz*, pp. 240 – 244.

40 著者が2008年9月1日にベルリンにて行ったJoschka Fischerとのインタビュー。

41 Winkler, *The Long Road West*, Volume II, p564.

42 Jan-Werner Müller, *Another Country: German Intellectuals, Unification and National Identity*,（New Haven/London: Yale University Press 2000）, p.269.

43 Martin Walser, "Die Banalität des Guten: Erfahrungen beim Verfassen einer Sonntagsrede aus Anlaß der Verleihung des Friedenspreis des Deutschen Buchhandels", in *Frankfurter Allgemeine Zeitung*, 12 October 1998. Reprinted in Frank Schirrmacher（ed.）, *Die Walser-Bubis Debatte: Eine Dokumentation*,（Frankfurt/Main: Suhrkamp, 1999）, pp.7 – 17.

44 Regierungserklärung des Bundeskanzlers am 10 November 1998 vor dem Deutschen Bundestag in Bonn.

45 Patrick Bahners, "Total Normal. Vorsicht Falle: Die unbefangene Nation". *Frankfurter*

Overseas, Series III, Volume VII: German Reunification 1989 – 1990, (London: Routledge, 2009), p.217.

8 Geir Lundested, *The United States and Western Europe Since 1945: From 'Empire' by Invitation to Transatlantic Drift,* (Oxford: Oxford University Press, 2005), p.9.

9 Hoffmann, "French Dilemmas and Strategies in the New Europe".

10 次からの引用。David Marsh, *The Euro: The Politics of the New Global Currency,* (New Haven and London: Yale University Press, 2009), p.135.

11 Thatcher, *The Downing Street Years,* p.791.

12 Marsh, *The Euro,* pp. 53 – 57.

13 同書、137 頁。

14 同書。

15 Theodor Adorno, "Was heißt: Aufarbeitung der Vergangenheit?" in *Eingriffe: Neun kritische Modelle,* (Frankfurt/Main: Suhrkamp, 1963), pp.125 – 146, 特に p.137.

16 Christian Meier, "Wir sind ja keine normale Nation", *Die Zeit,* 21 September 1990.

17 Jürgen Habermas, *Die nachholende Revolution,* (Frankfurt/Main: Suhrkamp, 1990), p. 152.

18 同書。

19 同書。

20 Jürgen Habermas, "1989 im Schatten von 1945. Zur Normalität einer künftigen Berliner Republik", in *Die Normalität einer Berliner Republik* (Frankfurt/Main: Suhrkamp, 1995), pp. 67 – 188, 特に p.171.

21 Jürgen Habermas, „Der Golf-Krieg als Katalysator einer neuen deutschen Normalität? in *Vergangenheit als Zukunft: Das alte Deutschland im neuen Europa?,* (München: Piper, 1993), pp. 10 – 14, 特に p.42.

22 Jürgen Habermas, "Die Asyl-Debatte" in Habermas, *Vergangenheit als Zukunft* pp. 159 – 186. 特に p. 180.

23 Jürgen Habermas, „1989 im Schatten von 1945. Zur Normalität einer künftigen Berliner Republik", in Jürgen Habermas, *Die Normalität einer Berliner Republik,* (Frankfurt ／ Main: Suhrkamp,1995), pp.167 - 188, 特に p.172.

24 Marsh, *The Euro,* p.133.

25 同書、132 頁。

26 同書、132 頁。

27 Hoffmann, "French Dilemmas and Strategies in the New Europe".

28 Jürgen Habermas, „Der DM-Nationalismus", *Die Zeit,* 30 March 1990. http://www.zeit.de/1990/14/der-dm-nationalismus

29 Mary Elise Sarotte, "Eurozone Crisis as Historical Legacy", *Foreign Affairs,* 29 September 2010 at http://www.foreignaffairs.com/articles/66754/mary-elise-sarotte/eurozone-crisis-as-historical-

44 Jeffrey Herf, *Divided Memory: The Nazi Past in the two Germanys*, (Cambridge, Massachusetts: Harvard University Press, 1997), p.345.

45 同書。

46 同書。

47 Ernst Nolte, "Vergangenheit, die nicht vergehen will", in "*Historikerstreit*": *Die Dokumentation der Kontroverse um die Einzigartigkeit der nationalsozialistischen Judenvernichtung*, (München: Piper, 1987), pp.39-47, 特に p.45.

48 ノルテは「普通はあらゆる過去は過ぎ去る」ので、「終止符(を打つこと)」は「このドイツの過去が他の過去とはもはや根本的に異なってはいない」と指摘している。Nolte, "Vergangenheit, die nicht vergehen will", in "*Historikerstreit*", pp.39-40.

49 Charles S. Maier, *The Unmasterable Past: History, Holocaust and German National Identity*, (Cambridge, Massachusetts: Harvard University Press, 1997), p.2.

50 Michael Wolffsohn, *Ewige Schuld? 40 Jahre deutsche-judische-israelische Beziehungen*, (München: Piper, 1988), p.42. ホロコーストの集団的記憶が外交政策において、どのような「文化的制約」となっているかに関するシュミット首相の発言に関連する詳細については、次を参照。Jeffrey K. Olick and Daniel Levy, "Collective Memory and Cultural Constraint: Holocaust Myth and Rationality in German Politics", *American Sociological Review*, 62, December 1997, pp.921-936.

51 Joschka Fischer, "Wir Kinder der Kapitulanten", *Die Zeit*, 10 May 1985, http://www.zeit.de/1985/19/wir-kinder-der-kapitulanten

▼第3章

1 Kurt Georg Kiesinger, Rede beim Staatsakt der Bundesregierung zum Tag der Deutschen Einheit im Bundestag, 17. Juni 1967.

2 Stanley Hoffmann, "French dilemmas and Strategies in the New Europe". Harvard University Center for European Studies Working Paper Series Collection 152, 1992. (Reprinted in: Robert Keohane, Joseph s. Nye and Stanley Hoffmann (eds.), *After the Cold War: International Institutions and State Strategies in Europe, 1989 – 1991* [Cambridge: Harvard University Press, 1993], pp. 127 – 147.)

3 Schwarz, *Die Zentralmacht Europas*.

4 例えば次を参照。John J. Mearsheimer, "Back to the future: instability in Europe after the Cold War", *International Security*, 15: 1, Summer 1990, pp. 5 – 56.

5 Adrian Hyde-Price, *Germany and European Order: Enlarging NATO and the EU* (Manchester: Manchester University Press, 2000), p.107.

6 Margaret Thatcher, *The Downing Street Years*, (London: Harper Collins, 1993), p. 791.

7 Patrick Salmon, Keith Hamilton and Stephen Twigge (eds), *Documents on British Policy*

21 同書、66 頁。

22 同書、156 頁。

23 同書、157 頁。

24 Kissinger, *Years of Upheaval*, p.147.

25 Gordon A. Craig, "Did Ostpolitik work?" *Foreign Affairs*, January/February 1994, http://www.foreignaffairs.com/articles/49450/gordon-a-craig/did-ostpolitik-work

26 Kissinger, *Years of Upheaval*, p.146.

27 同書。

28 同書、148 頁。

29 同書、735 頁。

30 同書、736 頁。

31 同書。

32 Egon Bahr, *"Das muss du erzählen." Erinnerungen an Willy Brandt*, (München: Propyläen, 2013), p.76.

33 Timothy Garton Ash, *In Europe's Name: Germany and the Divided Continent* (London: Jonathan Cape, 1993), p.75. 邦訳に、ティモシー・ガートン・アッシュ著、杉浦茂樹訳『ヨーロッパに架ける橋――東西冷戦とドイツ外交（上・下）』。（みすず書房、2009 年）がある。

34 キリスト教民主同盟の諜報活動については次を参照。Stefanie Waske, "Die Verschwörung gegen Brandt", *Die Zeit*, 2 Dezember 2012, http://www.zeit.de/2012/49/Spionage-CDU-CSU-Willy-Brandt

35 Justin Vaïsse, *Neoconservatism: The biography of a movement*, (Cambridge: Harvard University Press, 2010), p.100.

36 Heirich August Winkler, "Power, Morality, and Human Rights. The role of values and interests in Germany's foreign policy", *IP Journal*, 15 July 2013, http://ip-journal.dgap.org/en/ip-journal/topics/power-morality-and-human-rights

37 Craig, "Did Ostpolitik work?"

38 Winkler, "Power, Morality, and Human Rights".

39 Craig, "Did Ostpolitik work?"

40 Andrei S. Markovits and Philp S. Gorski, *The German Left: Red, Green and Beyond* (Cambridge: Polity, 1993), p.56.

41 この時期の「貿易国家」としてのドイツ連邦共和国については、次を参照。Gunther Hellmann, *Deutsche Außenpolitik: Eine Einführung* (Wiesbaden: VS Verlag für Wissenschaften, 2006), pp.95- 96.

42 ドイツ連邦共和国のナチスの過去への取り組み、とりわけいわゆる 1968 年世代が果たした役割については、Kundnani, *Utopia or Auschwitz* を参照。

43 Peter Novick, *The Holocaust and Collective Memory*, (London: Bloomsbury, 1999).

Germany's 1968 Generation and the Holocaust, (London/New York: Hurst/Columbia University Press, 2009).

3 Christopher Hill, *The actors in Europe's foreign policy* (London: Routledge, 1996), Amazon Kindle edition, Location 430.

4 例えば、Eckart Conze, *Die Suche nach Sicherheit: Eine Geschichte der Bundesrepublik von 1949 bis in die Gegenwart,* (München: Siedler Verlag, 2009).

5 例えば、Beverly Crawford, "The Normative Power of a Normal State: Power and Revolutionary Vision in Germany's Post-Wall Foreign Policy", *German Politics and Society,* 28: 2, Summer 2010, pp.165 – 184.

6 Hanns W. Maull, "Germany and Japan: The New Civilian Powers", *Foreign Affairs,* Winter 1990/91, http://www.foreignaffairs.com/articles/46262/hanns-w-maull/germany-and-japan-the-new-civilian-powers

7 Richard Rosecrance, *The Rise of the Trading State: Commerce and Conquest in the Modern World,* (New York: Basic Books, 1986).

8 Michael Staack, *Handelsstaat Deutschland: Deutsche Außenpolitik in einem neuen internationalen System,* (Paderborn: Schöningh, 2000).

9 Hanns W. Maull, "Zivilmacht Bundesrepublik Deutschland. Vierzehn Thesen für eine neue deutsche Außenpolitik", *Europa-Archiv,* 47, 1992, pp.269-278.

10 Ryan Lizza, "The Consequentialist", *New Yorker,* 2 May 2011, http://newyorker.com/reporting/2011/05/02/110502fa_fact_lizza

11 Walter Russel Mead, *Special Providence: American foreign policy and how it changed the world,* (New York/London: Routledge, 2002), pp.77-78.

12 Konrad Adenauer, "The German Problem, a World Problem", *Foreign Affairs,* October 1962, http://foreignaffairs.com/articles/23447/konrad-adenuer/the-german-problem-a-world-problem

13 Schuman Declaration, 9 May 1950, http://europa.eu/about-eu/basic-information/symbols/europe-day/schuman-declaration/index_en.htm

14 Dietrich Thränhardt, *Geschichte der Bundesrepublik Deutschland* (Frankfurt/Main: Suhrkamp, 1996), p.80.

15 同書、79頁。

16 Peter Pulzer, *German Politics: 1945 – 1995,* (Oxford: Oxford University Press, 1995), p.59.

17 Stanley Hoffmann, "Obstinate or Obsolete? The Fate of the Nation-State and the Case of Western Europe", *Daedalus,* 95, Summer 1966. pp.862-915, 特に p.894.

18 Timothy Garton Ash, "The crisis of Europe", *Foreign Affairs,* September/October 2012, http://foreignaffairs.com/articles/138010/timothy-garton-ash/the-crisis-of-europe

19 Henry Kissinger, *Years of Upheaval,* (London: Simon and Schuster, 2011), p.144.

20 Egon Bahr, *Zu meiner Zeit,* (München: Karl Blessing Verlag, 1996), p.46.

Germany, 1 January 1907. G.P. Gooch and Harold Temperley (eds), *British Documents on the Origins of the War, Volume III: The Testing of the Entente, 1904 – 6* (London: His Majesty's Stationery Office, 1928) 再録。

40 Christopher Clark, *Sleepwalkers: How Europe Went to War in 1914* (London: Allen Lane, 2013), p.158.

41 David Blackbourn, *History of Germany, 1780 – 1918: The Long Nineteenth Century* (Oxford: Blackwell, 1997), p.xv.

42 Kissinger, *Diplomacy* p.267.

43 Adam Tooze, *The Wages of Destruction: The Making and Breaking of the Nazi Economy* (Harmondsworth: Penguin, 2007), p.3; Gottfried Niedhart, "Außenminister Stresemann und die ökonomische Variante deutscher Machtpolitik", in Karl Heinrich Pohl (ed.), *Politiker und Bürger: Gustav Stresemann und seine Zeit* (Göttingen Vandenhoeck & Ruprecht, 2002), pp.229-42.

44 Tooze, *The Wages of Destruction*, p.xxiv.

45 Mearsheimer, *The Tragedy of Great Power Politics*, p.316.

46 Mark Mazower, *Hitler's Empire: Nazi Rule in Occupied Europe* (Harmondsworth: Penguin, 2008).

47 Graig, *Germany, 1866-1945*, p.745.

48 Tayler, *The Struggle for Mastery in Europe, 1848-1918*, p.xxxvi.

49 Calleo, *The German Problem Reconsidered*, p.2

50 Wehler, *Bismarck und der Imperialismus*.

51 David Blackbourn and Geoof Eley, *Mythen deutscher Geschichtsschreibung: Die gescheiterte bürgerliche Revolution von 1848* (Munich: Ullstein, 1980).

52 Helmut Walser Smith, "Where the *Sonderweg* debate left us", *German Studies Review*, 31: 2, May 2008. pp.225 – 240, 特に p.227.

53 Helmut Walser Smith, "Where the *Sonderweg* debate left us", p.232.

54 Mearsheimer, *The Tragedy of Great Power Politics*, p.2.

55 同書、169 頁。

56 同書、183 頁。

57 Calleo, *The German Problem Reconsidered*, p.7.

▼第2章

1 Eckart Conze, Norbert Frei, Peter Hayes and Moshe Zimmermann, *Das Amt und die Vergangenheit: Deutsche Diplomaten im Dritten Reich und in der Bundesrepublik* (München: Karl Blessing Verlag, 2010).

2 第3帝国と連邦共和国との継続性については、次を参照。Hans Kundnani, *Utopia or Auschwitz:*

19 この詩の翻訳を助けてくれたKaren Leederに感謝する。

20 1880年代の「帝国談義」については、次を参照。Geoff Eley, "Imperial imaginary, colonial effect: writing the colony and the metropole together", in Catherine Hall and Keith McClelland, *Race, Nation and Empire: Making Histories, 1970 to the Present* (Manchester: Manchester University Press 2012), pp.216 – 236; Geoff Eley, "Empior by land or sea? Germany' s imperial imaginary, 1840-1945", in Geoff Eley and Bradley D. Naranch (eds), *German Culture of Colonialism: Race, Nation and Globalization, 1884 – 1945* (forthcoming); Geoff Eley, "Empire, Ideology and the East: Thoughts on Nazism' s spatial imaginary" (forthcoming)

21 Eley, "Empire by land or sea?", p.13 (草稿) より引用。ロアバッハをはじめとするリベラルな帝国主義者については、Dehio, *Germany and World Politics in the Twentieth Century* 参照。

22 David Calleo, *The German Problem Reconsidered: Germany and the World Order, 1870 to the Present* (London/New York/Melbourne: Cambridge University Press, 1978), p.37.

23 Eley, "Empire by land or sea?", p.19.

24 Craig, *Germany 1866 – 1945*, p.119.

25 同書、116-7頁。

26 クロートヴィッヒ・ホーエンローエ＝シリングスフュルスト侯爵については、次から引用。Simms, *Europe: The Struggle for Supremacy*, p.250.

27 Hans-Ulrich Wehler, *Bismarck und der Imperialismus* (Köln: Kiepenhauer & Witsch, 1969).

28 Craig, *Germany 1866 – 1945*, p.117.

29 同書、303頁。

30 Sean McMeekin, *The Berlin-Baghdad Express: The Ottoman Empire and Germany' s Bid for World Power, 1898 – 1918* (Harmondsworth: Penguin, 2011).

31 Max Weber, "The Nation State and Economic Policy", in Peter Lassmann and Ronald Speirs (eds), *Weber: Political Writings* (Cambridge: Cambridge University Press, 1994), pp.1 – 28. 特に25頁。

32 Dehio, *Germany and World Politics in the Twentieth Century*, p.88

33 同書、16頁。

34 Simms, *Europe: The Struggle for Supremacy*, p.268.

35 英国の駐独大使 オード・ラッセル (Lord Odo Russell) から英国外相 グランヴィル伯爵 (Lord Granville) に宛てた1873年2月11日の書簡。 http://germanhistorydocs.ghi-dc.org/sub_document.cfm?document_id=1853.

36 Craig, *Germany, 1866 – 1945*, p.309.

37 同書、308頁。

38 George F. Kennan, *The Fateful Alliance: France, Russia, and the Coming of the First World War* (New York: Pantheon Books, 1984).

39 Eyre Crowe, Memorandum on the Present State of British Relations with France and

2 1871 年 2 月 9 日 の 演 説。http://germanhistorydocs.ghi-dc.org/sub_document.cfm?document_id=1849. 次も参照。 Jonathan Steinberg, *Bismarck: A Life* (Oxford: Oxford University Press, 2011), p.312-13.

3 国際関係理論においては、大国は一般に相対的な軍事力によって定義される。例えば、ミアシャイマーは次のように述べている。「大国であるためには、最も強力な国に対して通常兵器による総力戦を戦えるだけの十分な軍事資産を保持していなくてはならない。その候補国は最強国家を打倒する能力を保持している必要はないが、最終的に戦争に負けるとしても、紛争から消耗戦へと持ち込んで、相手に弱体化させることができるくらいの力を持っていなくてはならない」。John Mearsheimer, *The Tragedy of Great Power Politics* (New York: Norton, 2002), p.5. 訳書として、ジョン・J・ミアシャイマー（奥山真司訳）、『完全版　大国政治の悲劇』、五月書房、2017 年、36-37 頁。ただし、当該部分は拙訳による。

4 Imanuel Geiss, *The Question of German reunification 1806 – 1996* (London: Routledge, 1997).

5 Gordon A. Craig, *Germany, 1866 – 1945* (Oxford: Oxford University Press, 1978), p.15.

6 人口統計は次から引用。A.J.P. Taylor, *The Struggle for Mastery in Europe, 1848 – 1918* (Oxford: Oxford University Press, 1971), p.xxv.

7 Steinberg, *Bismarck*, p.313.

8 Ludwig Dehio, *Germany and World Politics in the Twentieth Century* (New York: Norton, 1959). ドイツ語原著は *Deutschland und die Weltpolitik im 20. Jahrhundert* (Munich: Verlag R. Oldenbourg, 1955). Halbhegemonie は英語版では semi-supremacy と翻訳されている。しかしながら、覇権（hegemony）の概念につながる「準覇権国家（semi-hegemony）」という用語の方が適切と考え、本書ではそれを使用している。

9 Hans-Peter Schwarz, *Die Zentralmacht Europas: Deutschlands Rückkehr auf die Weltbühne* (Berlin: Siedler Verlag, 1994), p. 204.

10 Henry Kissinger, *Diplomacy* (New York: Simon and Schuster, 1994), p.134.

11 ビスマルクは本来、1876 年にこの表現を使い、ポンメルンの「マスケット銃兵（musketeer）」を指していた。 1888 年の演説では、これを「手榴弾兵（grenadier）」と言い換え、後にこの方が有名になった。 A.J.P Taylor, *Bismarck: The Man and the Stateman* (Harmondsworth: Penguin, 1995), p.167 参照。

12 Craig, *Germany, 1866 – 1945*, p.115.

13 同書、116 頁。

14 同書、102 頁。

15 Simms, *Europe: The Struggle for Supremacy*, p.239.

16 A.J.P. Taylor, *The Course of German History* (London: Hamish Hamilton, 1945), p.68.

17 Michael Hughes, *Nationalism and Society: Germany, 1800 – 1945* (London: Edward Arnold, 1988), p.22.

18 Craig, *Germany, 1866 – 1945*, p.36.

注

原著所収の後注（Notes）を全て掲載し、邦訳書がある著述等は訳者が適宜補った。

▼序論

1 Heinrich August Winkler, *Germany: The Long Road West. Volume II: 1933 – 1990* (Oxford: Oxford University Press, 2007), p.571. 邦訳に、ハインリヒ・アウグスト・ヴィンクラー著、後藤俊明他訳『自由と統一への長い道〈2〉ドイツ近現代史 1933 - 1990 年』(昭和堂､2008 年）がある。

2 同書、580 頁。

3 Heinrich August Winkler, "Greatness and Limits of the West. The History of an Unfinished Project", Ralf Dahrendorf Lecture, London School of Economics, 7 October 2010, http:/www.lse.ac.uk/EuropeanInstitute/LEQS/LEQSPaper30.pdf

4 同論文、571 頁。

5 Andrew Moravcsik, "Europe after the Crisis", *Foreign Affairs*, May/June 2012, http:foreignaffairs.com/articles/137421/Andrew-moravcsik/Europe-after-the-crisis

6 例えば Tony Barber, "Greeks direct cries of pain at Germany", *Financial Times*, 14 February 2012, at http://www.ft.com/intl/cms/s/o/67ff90dc-5728-IIeI-869b-00144feabdc0.html#axzzip4kMceBT

7 Richard Clogg, "In Athens", *London Review of Books*, 5 July 2012, http://www.lrb.co.jk/v34/n13/richard-clogg-inathens

8 Rachel Donadio/Nicholas Kulish, "Official Warmth and Public Rage for Merkel in Athens", *New York Times*, 9 October 2012, http://www.nytimes.com/2012/10/10/world/europe/angela-merkel-greece-visit.html?_r=o

9 ユンケル氏のインタビュー記事。"Jean-Claude Juncker Interview: 'The Demons Haven't Been Banished'", *Spiegel Online*, 11 March 2013, http://www.spiegel.de/international/europe/spiegel-interview-with-luxembour-prime-minister-jucker-a-888o21.html

10 "L'Elysée s'abstient de critiquer Angela Merkel pour ne pas apparaître laxiste auprès des marchés", *le Monde*, 19 March 2010, http://www.lemonde.fr/europe/article/2010/03/19/;-elysee-s-abstient-de^critiquer-angela-merkel-pour--ne-pas-apparaitre-laxiste-aupres-des-marches_1321300_3214.html.

11 ドイツ社会民主党の元連邦議会議員ハンスウルリッヒ・クローゼ氏（Hans-Ulich Klose）と 2010 年 4 月 26 日にベルリンで行った筆者のインタビュー。

▼第1章

1 Brendan Simms, *Europe: The Struggle for Supremacy, 1453 to the Present* (London: Allen Lane, 2013), p.243。

フセイン、サダム（Hussein, Saddam） 91
ブッシュ、ジョージ・H・W（Bush, George H. W.） 67, 76
ブッシュ、ジョージ・W（Bush, George W.） 90, 96
ブラウン、ゴードン（Brown, Gordon） 131
ブラックボーン、デービッド（Blackbourn, David） 32, 39
ブラント、ヴィリー（Brandt, Willy） 16, 53, 56, 60, 72
フリードリヒ、ヨルク（Friedrich, Jörg） 98
ブレア、トニー （Blair, Tony） 95
プレスナー、ヘルムート（Plessner, Helmuth） 38
ヘルツル、テオドール（Herzl, Theodor） 28
ホーエンローエ＝シリングスフュルスト、クロートヴィッヒ（Hohenlohe-Schillingsfürst, Prince Chlodwig） 30
ポーゼン、アダム（Posen, Adam） 116, 118
ホフマン、スタンレー（Hoffmann, Stanley） 52, 66, 95
ホムバッハ、ボド（Hombach, Bodo） 112

◎マ行

マーシュ、デビッド（Marsh, David） 69, 73
マイアー、クリスティアン（Meier, Christian） 70
マウル、ハンス（Maull, Hanns） 45, 80, 132, 154
マゾワー、マーク（Mazower, Mark） 37
マン、トーマス（Mann, Thomas） 12
ミッテラン、フランソワ Mitterand, François 67, 69, 167
ミード、ウォルター・ラッセル（Mead, Walter Russell） 47
ミュンテフェリンク、フランツ（Müntefering, Franz） 100
ミロシェビッチ、スロボダン（Milosevic, Slobodan） 77, 83
メッテルニヒ、クレメンス（von Metternich, Klemens） 22, 57
メルケル、アンゲラ（Merkel, Angela） 12, 117, 123, 137, 139, 143, 151, 168, 171, 176, 181
モラフチーク、アンドリュー（Moravcsik, Andrew） 11
モンティ、マリオ（Monti, Mario） 145

◎ヤ行

ヤヌコヴィッチ、ヴィクトル（Yanukovych, Viktor） 169
ヤルゼルスキ、ヴォイチェフ（Jaruzelski, General Wojciech） 58
ユング、フランツ・ヨーゼフ（Jung, Franz Josef） 108
ユンケル、ジャンクロード（Juncker, Jean-Claude） 12

◎ラ行

ラール、アレクサンダー（Rahr, Alexander） 123
ライス、コンドリーザ（Rice, Condoleezza） 89
ラジャン、ラグラム（Rajan, Raghuram） 118
ラフォンテーヌ、オスカー（Lafontaine, Oskar） 113
ラホイ、マリアノ（Rajoy, Mariano） 145
ラマーズ、カール（Lamers, Karl） 78
ラムスドルフ、アレクサンダー（Lambsdorff, Alexander Graf） 127
ラムズフェルド、ドナルド（Rumsfeld, Donald） 95
ランゲンバッハー、エリック（Langenbacher, Eric） 97
リューエ、フォルカー（Rühe, Volker） 79
ルトワック、エドワード（Luttwak, Edward） 155

ダライ・ラマ（Dalai Lama） 123
ツィプラス、アレクシス（Tsipras, Alexis） 174
ディズレーリ、ベンジャミン（Disraeli, Benjamin） 18, 66
テイラー、A.J.P.（Taylor, A.J.P） 24, 37
ティルフォード、サイモン（Tilford, Simon） 117, 119
デグラウェ、ポール（Paul de Grauwe） 176
デヒオ、ルートヴィヒ（Dehio, Ludwig） 20, 29, 163
デメジエール、トマス（de Maizière,Thomas） 178, 180
デュシェンヌ、フランシス（Duchêne, François） 45
トゥーズ、アダム（Tooze, Adam） 35, 115, 118, 131
ドラギ、マリオ（Draghi, Mario） 145, 174
トランプ、ドナルド（Trump, Donald） 184, 187
トレイノール、イアン（Traynor, Ian） 148
ドロール、ジャック（Delors, Jacques） 69

◎ナ行

ナバロ、ピーター（Navarro, Peter） 186
ニーチェ、フリードリヒ（Nietzsche, Friedrich） 24
ニートハルト、ゴットフリート（Niedhart, Gottfried） 35
ニクソン、リチャード・M（Nixon, Richard M） 55
ネッツェル、ティモ（Noetzel, Timo） 107
ノルテ、エルンスト（Nolte, Ernst） 62

◎ハ行

ハース、リチャード（Haass, Richard） 47
ハーバーマス、ユルゲン（Habermas, Jürgen） 63, 71, 74, 132, 150, 159, 176
ハーフ、ジェフリー（Herf, Jeffrey） 62
バール、エゴン（Bahr, Egon） 53, 57, 100, 103, 135
ハイスバーグ、フランソワ（Heisbourg, François） 95
パウエル、チャールズ（Powell, Charles） 67
ハミルトン、アレクサンダー（Hamilton, Alexander） 48, 149
ハルツ、ペーター（Harts, Peter） 113
ヒトラー、アドルフ（Hitler, Adolf） 12, 35, 40
ヒューズ、マイケル（Hughes, Michael） 24
ファン・ロンパイ、ヘルマン（van Rompuy, Herman） 147
フィッシャー、ヨシュカ（Fischer, Joschka） 64, 81, 84
プーチン、ウラジミール（Putin, Vladimir） 122
フェルドシュタイン、マーティン（Feldstein, Martin） 75
フォン・ヴァイツゼッカー、リヒャルト（von Weizäcker, Richard） 62, 64, 72
フォン・カプリヴィ、レオ（von Caprivi, Leo） 28
フォンデアライエン、ウルズラ（von der Leyen, Ursula） 183
フォン・ティルピッツ、アルフレート（von Tirpitz, Admiral Alfred） 30
フォン・トライチュケ、ハインリヒ（von Treitschke, Heinrich） 25
フォン・ビスマルク,オットー（von Bismarck, Otto） 15, 20, 27, 40, 55, 183
フォン・ビューロー、ベルンハルト（von Bülow Bernhard） 26
フォン・ベートマン・ホルヴェーク、テオバルト（von Bethmann-Hollweg, Theobald） 32
フォン・モルトケ、ヘルムート（von Moltke, Helmuth） 32
フクヤマ、フランシス（Fukuyama, Francis） 10

クロッグ、リチャード（Clogg, Richard）　11
ケインズ、メイナード（Keynes, John Maynard）　131
ゲーツ、ロバート（Gates, Robert）　150, 185
ゲーテ、ヨハン・ヴォルフガング（von Goethe, Johann Wolfgang）　146
ケナン、ジョージ（Kennan, George）　31
ケネディ、ジョン・F（Kennedy, John F）　53
コール、ヘルムート（Kohl, Helmut）　60, 69, 73, 78, 111, 139
コーン・ベンディット、ダニエル（Cohn-Bendit, Daniel）　84
コルネリウス、シュテファン（Kornelius, Stefan）　108
ゴルバチョフ、ミハイル（Gorbachev, Mikhail）　67

◎サ行

サッチャー、マーガレット（Thatcher, Margaret）　67
サボー、スティーブン（Szabo, Stephen）　89, 94, 125
サルコジ、ニコラス（Sarkozy, Nicolas）　13
サロット、マリー・エリーズ（Sarotte, Mary Elise）　75
ジェファーソン、トーマス（Jefferson, Thomas）　48
シコルスキ、ラデク（Sikorski, Radek）　159, 162
シムズ、ブレンダン（Simms, Brendan）　18, 23, 29
シャルピング、ルドルフ（Scharping, Rudolf）　79
ジャクソン、アンドリュー（Jackson, Andrew）　48
ジャクソン、ヘンリー（Jackson, Henry）　58
シュヴァルツ、ハンスペーター（Schwarz, Hans-Peter）　21, 66, 165
シューマッハー、クルト（Schumacher, Kurt）　51
シューマン、ロベール（Schuman, Robert）　50
シュタインブリュック、ペア（Steinbrück, Peer）　130
シュタインマイヤー、フランクヴァルター（Steinmeier, Frank-Walter）　124, 171, 173
シュテルンベルガー、ドルフ（Sternberger, Dolf）　71
シュトゥルマー、ミヒャエル（Stürmer, Michael）　63
シュトレーゼマン、グスタフ（Stresemann, Gustav）　34, 49
シュミット、トーマス（Schmid, Thomas）　109
シュミット、ヘルムート（Schmidt, Helmut）　57, 59, 62, 135, 139
シュレーダー、ゲアハルト（Schröder, Gerhard）　82, 85, 90, 93, 100, 103, 112, 118, 122, 141, 157
ショイブレ、ヴォルフガング（Schäuble, Wolfgang）　147, 160, 176
ジョンソン、リンドン（Johnson, Lyndon B）　55
シラク、ジャック（Chirac, Jacques）　93
シルマッハー、フランク（Schirrmacher, Frank）　85
スターリン、ヨシフ（Stalin, Josef）　52
スティグリッツ、ジョセフ（Stiglitz, Joseph）　142
スミス、ヘルムート・ヴァルザー（Smith, Helmut Walser）　39
ソロス、ジョージ（Soros, George）　136, 149, 165

◎タ行

ダーレンドルフ、ラルフ（Dahrendorf, Ralf）　38

▼人名索引

◎ア行

アイヒェル、ハンス（Eichel, Hans）　113

アイヒェングリーン、バリー（Eichengreen, Barry）　112

アスナール、ホセ・マリア（Aznar, José Maria）　95

アッシュ、ティモシー・ガートン（Ash, Timothy Garton）　52, 57

アデナウアー、コンラート（Adenauer, Konrad）　10, 16, 49, 52, 168

アドルノ、テオドア（Adorno, Theodor）　70

アフマディネジャド、マフムド（Ahmadinejad, Mahmoud）　126

ヴァイゲル、テオ（Waigel, Theo）　74

ヴァイトマン、イェンス（Weidmann, Jens）　146

ヴァルザー、マルティン（Walser, Martin）　82, 101

ヴァルツァー、ミヒャエル（Walzer, Michael）　84

ウィルソン、ウッドロウ（Wilson, Woodrow）　48

ヴィルヘルムⅡ世（Wilhelm II, Kaiser）　28

ヴィンクラー、ハインリヒ・アウグスト（Winkler, Heinrich August）　9, 82, 87, 167, 169

ウェーバー、マックス（Weber, Max）　29

ヴェーラー、ハンスウルリッヒ（Wehler, Hans-Ulrich）　27, 38

ヴェルナー、ピエール（Werner, Pierre）　69

ウォルツ、ケネス（Waltz, Kenneth）　39

ヴォルフ、オイゲン（Wolf, Eugen）　27

ヴォルフ、マルティン（Wolf, Martin）　141, 149

エリアス、ノルベルト（Elias, Norbert）　46

エレイ、ジェフ（Eley, Geoff）　25, 39

オバマ、バラク（Obama, Barack）　127, 173, 186

オランド、フランソワ（Hollande, François）　145, 176

オルバン、ヴィクトル（Orván Viktor）　180

温家宝（Jiabao, Wen）　140

◎カ行

カイザー、ヤコブ（Kaiser, Jakob）　53

ガイベル、エマヌエル（Geibel, Emanuel）　25, 133

ガウク、ヨアヒム（Gauck, Joachim）　171

カラッチョロ、ルシオ（Caracciolo, Lucio）　163

カレオ、デービッド（Calleo, David）　26, 37

カント、イマヌエル（Kant, Immanuel）　10, 156

キージンガー、クルトゲオルク（Kiesinger, Kurt-George）　66

キッシンジャー、ヘンリー（Kissinger, Henry）　21, 53, 56, 89

ギヨーム、ギュンター（Guillaume, Günter）　57

キンドルバーガー、チャールズ（Kindleberger, Charles）　160

クーパー、ロバート（Cooper, Robert）　153

クシュネル、ベルナール（Kouchner, Bernard）　84

クラーク、クリストファー（Clark, Christopher）　32

クラウゼヴィッツ、カール（von Clausewtz, Carl）　155

クリントン、ビル（Clinton, Bill）　83, 96

クルーグマン、ポール（Krugman, Paul）　119, 131, 144

クレイグ、ゴードン（Craig, Gordon）　27, 55

グロス、ミヒャエル（Glos, Michael）　131

ベルリンの壁（Berlin Wall） 65, 87
貿易による変化（Wandel durch Handel） 126
ボスニア・ヘルツェゴビナ（Bosnia and Herzegovina） 78
ポーランド（Poland） 33, 58, 159, 164, 179, 182
ボン共和国（Bonn Republic） 64, 70, 162

◆ま行

マーシャル・プラン（Marshall Plan） 160
マーストリヒト条約（Maastricht Treaty） 74, 114, 138, 147, 174
マクロ経済不均衡措置（Macroeconomic Imbalance Procedure） 144
マケドニア（Macedonia） 106
緑の党（Green party） 80, 82
南ドイツ新聞（Süddeutsche Zeitung） 107
ミュンヘン安全保障会議（Munich Security Conference） 86, 100
民主社会党（PDS:Partei des Demokratischen Sozialismus） 92, 114
民族精神（Volksgeist）24
メルセデス・ベンツ（Mercedes-Benz） 121
モロッコ（Morocco） 31

◆や行

ヤルタ会談（Yalea Conference） 65
ヤング案（Young Plan） 35
ユーゴスラビア（Yogoslavia） 126
ユーロ危機（Eurozone Crisis） 135, 137, 144, 146, 160, 162, 168, 174
ユーロ債（Eurobonds） 139, 144
ユダヤ主義（Judaism） 25
ユンカー（Junker） 23

◆ら行

ラインラント（Rhineland） 33, 36
ラッパロ条約（Rapallo Treaty） 34
ランデスバンク（Landesbanken） 130
リーマン・ブラザーズ（Lehman Brothers） 130
理想主義（idealism） 46
リビア（Libya） 150
ルール地方（Ruhr） 34
ルクセンブルク（Luxembourg） 12, 176
冷戦（Cold War） 45, 56
歴史家論争（Historikersteit） 63
連帯（Solidarity） 58
ローマ条約（Treaty of Rome） 52
68年闘士（Achtundsechziger） 84
ロシア・ジョージア（グルジア）間の戦争（Russo-Georgian War） 122
ロシア（〔帝国〕Russian Empire） 19, 27, 30, 32
ロシア（〔連邦〕Russian Federation） 14, 122, 152, 168, 170, 172
ロマン主義的概念（romantic concept） 24

◆わ行

ワイマール共和国（Weimar Republic） 34
ワシントン合意（Washington Consensus） 162
ワルシャワ条約機構（Warsaw Pact） 60
湾岸戦争（Persian Gulf War） 77

ドイツ連邦議会（Bundestag） 57, 91, 122, 124
ドイツ連邦共和国（〔西ドイツ〕Federal Republic of Germany） 9, 13, 42, 43, 46, 49, 54, 60, 65, 74, 91, 97, 113, 168
ドイツ連邦銀行（Bundesbank） 68, 73, 165
東欧経済関係委員会（Committee on Eastern European Economic Relations） 123
東部復興（Aufschwung Ost） 111
東方(外交)政策（Ostpolitik） 56, 125
同盟責任履行能力（Bündnisfähigkeit） 77
同盟への忠誠（Bündnistreue） 90, 106
トーゴ（Togo） 28
ドーズ案（Dawes Plan） 35
独自の道（Sonderweg） 9, 38, 86, 102, 167
独ソ不可侵条約（Molotov-Ribbentrop Pact） 36
独露再保障条約（Reinsurance Treaty） 22, 31
トランスヴァール（Transvaal） 30
トルコ（Turkey） 93, 178
ドレスデン（Dresden） 98, 100

◆な行

NATO（ナトー）→北大西洋条約機構
ナショナリズム（nationalism） 23, 25, 39, 72
ナショナル・インタレスト誌（National Interest, The） 155
ナチズム（National Socialism） 10, 37
ナポレオン戦争（Napoleonic Wars） 19, 23
ナミビア（Namibia） 28
難民危機（migration crisis, the） 178, 180
ニーダーザクセン（Lower Saxony） 93
西側との統合（Westbindung） 48, 53, 101, 168
日本（Japan） 45, 112, 154
ニューギニア（New Guinea） 28
ネオリベラリズム（neoliberalism） 113
ノルド・ストリーム（Nord Stream） 122

◆は行

バーデン（Baden） 20
バイエルン（Bavaria） 20
バグダッド（Baghdad） 29, 94
覇権安全論（hegemotic stability theory） 160
バルト三国（Baltic countries ／Baltic states） 175, 179
パレスチナ（Palestine） 28
ハンガリー（Hungary） 179
反ユダヤ主義（anti-Semitism） 25, 39, 81
BASF（〔ビー・エー・エス・エフ〕BASF） 121
日和見政策（Schaukelpolitik） 15
ビルト（Bild） 98, 139
ファシズム（fascism） 62, 82
フォルクスワーゲン（Volkswagen） 113, 121
不朽の自由作戦（Operation Enduring Freedom） 106
武器輸出（arms exports） 151
普仏戦争（〔プロイセン・フランス戦争〕Franco-Prussian War） 20
ブラジル（Brazil） 14
フランクフルター・アルゲマイネ・ツァイトゥング（Frankfurter Allgemeine Zeitung） 62, 85
フランス（France） 19, 23, 27, 30, 33, 38, 69, 74, 128, 140, 152, 165, 182, 187
ブレグジット（Brexit） 182
プロイセン（Prussia） 19, 38
米国（United States of America） 25, 50, 58, 90, 131, 135, 142, 152, 160, 168, 184
平和国家（Friedensmacht） 80
ヘルシンキ宣言（Helsinki Final Act） 58
ベルリン共和国（Berlin Republic） 10, 64, 71, 101

資本主義（capitalism） 25
社会的帝国主義（social imperialism） 28, 39
社会民主党（SPD：Sozialdemokratische Partei Deutschlands） 49, 52, 54, 82, 92, 123, 130
終止符（Schlußstrich） 70, 72, 82
自由主義（liberalism） 25
自由民主党（FDP：Freie Demokratische Partei） 127
シューマン・プラン（Schuman Plan） 50, 147
シュピーゲル（Spiegel） 93, 146, 151
ジョージア（〔グルジア〕Georgia） 122
植民地協会（Kolonialverein） 26
シリア（Syria） 177
シレジア（Silesia） 33
新規国債買い入れプログラム（OMT：Outright Monetary Transactions） 145
ストラスブール首脳会議（Strasbourg Summit） 73
スペイン（Spain） 116, 118, 144, 165, 182
スロバキア（Slovakia） 175, 179
スロベニア（Slovenia） 175
製造業（manufacturing） 115, 117
世界金融危機（Global Financial Crisis） 130, 141
世界政策（Weltpolitik） 26, 28
世界帝国（world empire） 28
接近による変化（Wandel durch Annäherung） 125
先進国首脳会議（〔サミット〕Group of Seven） 59
戦略兵力制限交渉（SALT：Strategic Arms Limitations Talks） 58
創設者の時代（Gründerzeit） 43
ソマリア（Somalia） 77
ソ連（Soviet Union） 34, 37, 49, 59, 135

◆た行

第一次世界大戦（First World War） 33, 165
大恐慌（Great Depression） 35, 160
第三帝国（Third Reich） 42, 61, 146
第二次世界大戦（Second World War） 43, 45, 62, 78, 81, 97, 99, 149, 158, 160, 187
ダイムラー・ベンツ（Daimler Benz） 116
タリバーン（Taliban） 107
チェコ（Czech Republic） 179
地経学（Geo-economics） 17, 155, 171
秩序形成パワー（Ordnungsmacht） 87
チベット（Tibet） 124
中欧（Mitteleuropa） 26, 28, 114, 164, 179
中心的位置（Mittellage） 43, 55, 66, 158
中規模企業（Mittelstand） 121
中国（China） 14, 30, 121, 123, 131, 140, 157, 168, 174
長期資金供給オペレーション（LTRO：Long-Term Refinancing Operations） 145
朝鮮戦争（Korean War） 52
ツァイト（Die Zeit） 64, 87
帝国主義（imperialism） 29, 129
ティッセン・クルップ（ThyssenKrupp） 123
デタント（〔緊張緩和〕détente） 57, 61
デモス（Demos） 153
ドイツ基本法（German Basic Law） 130
ドイツ銀行（Deutsche Bank） 130
ドイツ再統一（German reunification） 54, 65, 70, 73, 111, 134
ドイツ植民地協会（Society for German Colonisation） 27
ドイツ帝国（Kaiserreich） 18
ドイツ統一（Unification of Germany） 18, 24, 40, 165
ドイツ民主共和国（〔東ドイツ〕German Democratic Republic） 52, 54, 66, 71
ドイツ問題（German question） 20, 40

欧州連合(EU)経済・財務相理事会（Economic and Financial Affairs Council） 114
オーストリア（Austria） 19, 180
オーストリア＝ハンガリー（Austria-Hungary） 20, 32
オスマン帝国（Ottoman Empire） 28
オランダ（Netherlands） 128, 140, 175

◆か行

ガーディアン（Guardian, The） 148
改革の停滞（Reformstau） 112
ガスプロム（Gazprom） 122
カタール（Qatar） 94
カメルーン（Cameroon） 28
韓国（South Korea） 142
カンボジア（Cambodia） 77
キエフ（Kiev） 169
北大西洋条約機構（NATO：North Atlantic Treaty Organization） 9, 44, 55, 60, 76, 79, 84, 106, 135, 158, 173, 185
北ドイツ連邦（North German Federation） 20
逆説（〔パラドックス〕paradox） 17, 154, 184
京都議定書（Kyoto Protocol） 90
ギリシャ（Greece） 119, 143, 149, 176
ギリシャ危機（Greek government debt crisis） 136, 138, 174
キリスト教民主同盟（CDU：Christlich-Demokratische Union Deutschlands） 49, 53, 92, 123
境界部（Grenzlage） 43, 66
クリミア半島（Crimea） 169, 170
クロアチア（Croatia） 77
グローバル化（globalisation） 110, 127, 135, 139, 143, 152
クンドゥズ（Kunduz） 108
経済諮問委員会（Council of Economic Experts） 113
経済通貨同盟（EMU：Economic and Monetary Union） 69, 73, 120
経済の奇跡（Wirtschaftswunder） 75, 118, 167
啓蒙運動（Enlightenment） 23, 38
国際刑事裁判所（ICC：International Criminal Court） 90
国際原子力機関（IAEA：International Atomic Energy Agency） 126
国際政治（Internationale Politik） 101
国際治安支援部隊（ISAF：International Security Assistance Force） 106
国際通貨基金（IMF：International Monetary Fund） 138, 175
国際連合（〔国連〕UN：United Nations） 77, 84, 93, 106, 129, 151
国際連盟（League of Nations） 34, 36
国際労働機関（ILO：International Labour Organisation） 116
コソボ（Kosovo） 83, 106, 126
コソボ紛争（Kosovo War） 85, 87, 92, 97, 105
国境なき医師団（MSF：Médecins Sans Frontières） 84
コメルツ銀行（Commerzbank） 130

◆さ行

ザール（Saar） 33
債務ブレーキ（Schuldenbremse） 130
サウジアラビア（Saudi Arabia） 63, 151
三国協商（Triple Entente） 31
三国同盟（Triple Alliance） 22, 31
三十年戦争（Thirty Years' War） 19
三帝同盟（Three Emperors' League） 22
G20（Group of Twenty） 142
ジーメンス（Siemens） 23, 123
シオニズム（Zionism） 28
指揮権（Kommandogewalt） 22
自動車産業（automobile industry） 117

索引

〔注〕原著所収の「Index」に掲載の語彙をもとに、事項・人名に分け、ABC順を50音順に変えて、それぞれの索引とした。なお、日本人読者の便宜を考慮して、原著「Index」にはない語彙も掲載してある。

▼事項索引

◆あ行

アイルランド（Republic of Ireland） 118, 144
アウシュビッツ（〔強制収容所〕Auschwitz〔concentration camp〕） 61, 71, 81, 85, 97, 100, 105, 126, 135
アウディ（Audi） 115
AEG（アー・エー・ゲー） 23
アフガニスタン（Afghanistan） 90, 106, 108
アフリカ（Africa） 26
アラブ首長国連邦（UAE：United Arab Emirates） 151
アルカイダ（al-Qaeda） 91
アルザス・ロレーヌ地方（Alsace and Lorraine） 22, 33
安定・成長協定（SGP：Stability and Growth Pact） 136
安定の文化（Stabilitätskultur） 161
EMU→経済通貨同盟
EU→欧洲連合
「域外」活動（“out of area” operations） 77, 79
イスラエル（Israel） 127, 140
イタリア（Italy） 116, 139, 145, 149, 165, 182
イラク（Iraq） 89, 91, 95, 97, 106, 127, 130, 152, 168
イラン（Iran） 126
インド（India） 14, 140, 168
ヴィシェグラード四カ国（Visegrad 4） 184
ウェストファリア条約（Treaty of Westphalia） 19
ヴェルサイユ条約（Treaty of Versailles） 33, 36
ウォール・ストリート・ジャーナル紙（Wall Street Journal） 99
ウォール街大暴落（Wall Street Crash） 35
ウクライナ（Ukraine） 124, 169, 170, 179
ヴュルテンベルク（Württemberg） 20
英国（UK：United Kingdom） 18, 25, 30, 32, 38, 48, 131, 150, 152, 168, 181, 184, 187
英仏協商（Entente Cordiale） 31
E.ON（エー・オン ルールガス／E.ON Ruhrgas） 122
欧州安定メカニズム（ESM：European Stability Mechanism） 145
欧州委員会（European Commission） 69, 138
欧州金融安定ファシリティ（EFSF：European Financial Stability Facility） 138, 144
欧州経済共同体（EEC：European Economic Community） 52, 69
欧州政策（Europapolitik） 26
欧州石炭鉄鋼共同体（ECSC：European Coal and Steel Community） 50
欧州中央銀行（ECB：European Central Bank） 69, 74, 138, 145, 165, 175
欧州理事会（European Council） 144
欧州連合（EU：European Union） 44, 68, 128, 136, 158, 164, 181, 184

訳者解説

本書は、ハンス・クンドナニ（Hans Kundnani）著、『ドイツ・パワーの逆説』（原題 The Paradox of German Power／オックスフォード大学出版局、２０１５年）を底本として全訳したものである。同書は、中東から百万人以上の難民が流入した難民危機のほか、ロシアによるクリミア半島併合への対応などを扱った「補遺」を加えた増補版が翌２０１６年に同出版局とハースト（Hurst & Company、ロンドン）から刊行されている。訳出に当たっては、増補版のほか、２０１６年に刊行されたドイツ語版も参照する一方、増補版の補遺の内容に、英国の欧州連合（ＥＵ）離脱やトランプ米国大統領の就任などを含む最新情勢を盛り込んだ「日本語版への補遺」を加筆してもらい、収録した。

本書は、英紙フィナンシャル・タイムズや米経済紙ウォールストリート・ジャーナル等の世界の有力紙のほか、フォーリン・アフェアーズ等の有力学術誌でも書評に取り上げられ、広く反響を呼んだものである。その後、ドイツ語、イタリア語、スペイン語、韓国語に相次いで翻訳出版されたことも、それを裏付けている。

著者のクンドナニの人となりを簡潔に紹介しよう。クンドナニは英国出身で、インド人の父、オランダ人の母の間に生まれた。オックスフォード大学で哲学とドイツ語を学んだことがドイツへの関心を深める契機となったという。同大学を卒業後、英紙オブザーバーのベルリン特派員などを務め、ドイツや欧州をテーマに英紙ガーディアン、フィナンシャル・タイムズ、米経済紙ウォールストリート・ジャーナルなどを舞台にジャーナリストとして活躍した。その間、奨学金を得て、ニューヨークのコロンビア大学大学院で修士号を取得している。その後、研究者に転じ、ドイツ・マーシャル基金（米国ワシントン）上級研究員、欧州外交評議会（ＥＣＦＲ）の研究部長を歴任し、２０１８年から英国王立国際問題研究所（チャタムハウス）で、ドイツや欧州、米欧関係を専門とする上級研究員を務めている。学術論文を発表する傍ら、今も英国や米国の有力紙のほか、米学術誌『フォーリン・アフェアーズ』などで健筆を振るっている。

初めての著作となる『ユートピアかアウシュビッツか（Utopia or Auschwitz）――１９６８年世代とホロコースト』（オックスフォード大学出版局、２００９年）では、西ドイツ（当時）で１９６０年代の学生運動を担った「１９６８年世代」に着目し、ナチ時代に直接的、間接的に何らかの責任を負う両親を持つ同世代が親世代との葛藤にどのように向き合い、それがドイツの政治、とりわけヨシュカ・フィッシャー外相（当時）をはじめとするかつての学生運動の闘士らが閣僚を務めた社会民主党、「90年連合・緑の党」の連立によるシュレーダー政権（１９９８年～２００５年）の政策や思想的背景にどのようにつながっているのかを外国人研究者の視点で浮かび上がらせ、高い評価を受けたのである。

さて、本書が広く読まれている背景には、クンドナニが展開している主張にあるだろう。すなわち、クンドナニによれば、戦後ドイツは欧州の安定に寄与し、欧州一の経済大国となったが、統一後、とりわけ2010年のユーロ危機以降においては、自国経済における輸出依存度を徐々に高め、地政学的な利益を経済的手段で実現しようとする政治・外交手法である「地経学」(geo-economics)的な大国に変貌したとみる。東西両ドイツ統一により、欧州一の最大人口、経済力など名実ともに欧州の大国となり、1871年から1945年にかけて持っていた「準覇権国(semi-hegemony)」的立場を手にしたのだと分析する。欧州における覇権国というほどの力はないため、覇権国ではなく「準覇権国」なのであり、それは権力政治的な地政学的意味ではなく、あくまで経済的手段で国益を追求する地経学的意味においてであると指摘する。そのことは新たな「ドイツ問題」の再来を意味し、ドイツは欧州に安定ではなく、不安定をもたらす要因になったと主張するのである。

＊

「地経学」について簡潔に説明しよう。「地経学」の概念は、上述の定義に基づいて米国の戦略研究者であるエドワード・ルトワックらが使い、日本においても、ルトワックの著作が翻訳を通して知られるようになった(例えば次を参照。エドワード・ルトワック著、武田康裕他訳『エドワード・ルトワックの戦略論――戦争と平和の論理』毎日新聞社、2014年。エドワード・ルトワック著、奥山真司訳『日本4・0 国家戦略の新しいリアル』文春新書、2018年)。そして、米学術誌『フォーリン・アフェアーズ』が2016年の「本年最高の書」に選定したロバート・ブラックウィル他著『他の手段による戦争――地経学と国政術』(ハーバード大学出版局、2016年)が広く読まれたことにより、地経学的観点からの分析の必要性がいっそう認識された。同書では、地経学は「国益を促進あるいは擁護するため、また地政学上有利な成果を生み出すために、経済的な手段を用いること。また、他国の経済活動が自国の地政学的目標に及ぼす諸効果」と定義されている。

他方、日本のシンクタンクにおいても、地経学を切り口とする研究が進められるようになってきている（例えば、次を参照。日本再建イニシアティブ著『現代日本の地政学――13のリスクと地経学の時代』中公新書、２０１７年。日本国際フォーラム編『JFIR WORLD REVIEW Vol.2 特集　地経学とはなにか』、２０１８年）。それらの研究で指摘されているように、日本においてはこれまで、「地経学」とは多くの場合、「中国問題」を意味し、中国の台頭により、アジア太平洋地域の諸国にとって最大の貿易相手国になったため、中国は経済的つながりを交渉の武器に使うようになり、いまや「一帯一路」のような壮大なスローガンを掲げて、地経学的政策を進めているというのである（飯田敬輔「経済『ディール』外交――トランプ時代の通商政策」、日本国際フォーラム編『JFIR WORLD REVIEW Vol.2 特集　地経学とはなにか』、66‐78頁、２０１８年）。そして、トランプ米政権下で進む米中貿易摩擦とは、中国が実践している「地経学」に対して、米国が同じく「地経学」的手法で対抗していくことに他ならないと指摘する。そうした地経学的手法を、欧州ではドイツが近年とってきたというのがクンドナニの見方である。

ドイツは「貿易による変化」を信じ、ロシアを国内的には民主主義に、対外的には協力に向かわせる一番の方法を経済的な相互依存を高めることだと考えてきた（第5章参照）。それゆえ、ロシアによるクリミア半島併合は戦略的な衝撃であった。ところが、ドイツは対ロシア経済制裁を科しても、このような戦略的衝撃に際してさえ、防衛費の大幅な増額や軍事能力の改善、軍事ドクトリンの変更に踏み切る可能性は低いとクンドナニはみる。ロシアよりもはるかに大きな市場を持つ中国についても、対ロシア政策と同じ前提に立ち、経済的相互依存が高まれば、権威主義体制を民主主義に、国際社会における「責任あるステークホルダー」に変化させることができる、とドイツはみているというのがクンドナニの見立てである。

他方で、新しい形のドイツ・ナショナリズムも出現し、このナショナリズムは輸出型経済、「平和」の概念および、刷新された「ドイツの使命」（German Mission）に基づいているという。このため、ドイツは戦後、外交政策上、常に西側と歩調を合わせて行動し、独自の行動をとらないことを是《ぜ》としてきたにもかかわらず、今や独自の立場をとることに躊躇がなくなってきている。その結果、「西側」との関係に波紋を広げる結果になっていると分析するのである。

このようなクンドナニの主張を紹介すると、人口動態からソ連崩壊を予見したことで知られるフランスの歴史人口学者エマニュエル・トッドによる議論を思い浮かべる読者も少なくないであろう。すなわち、冷戦終結と欧州統合によって生まれたのは、ドイツ経済の一人勝ちの状況であり、中・東欧諸国の高い水準の教育を受けた良質で安い労働力を活用して経済を復活させ、欧州を支配するに至っているというのである（エマニュエル・トッド著、堀茂樹訳『「ドイツ帝国」が世界を破滅させる――日本への警告』、文春新書、２０１５年）。そして、ドイツがこのまま強大化し続ければ、いずれ米国とも衝突する可能性があり、世界にとって脅威になるという。ドイツのいわば「帝国」化論であるが、クンドナニは、ドイツが覇権国になる能力はなく、地経学的準覇権国であると結論付けており、その意味で両者の主張は大きく異なっている。

＊

ドイツを地経学的な準覇権国と位置付けるクンドナニの見方は、はたして内外の専門家からどう評価されたのだろうか。

日本とともにドイツを、多国間主義と民生を重視し、国外における武力行使を忌避することを理念とする「シビリアン・パワー」と位置付け、ドイツの外交政策にも大きな影響を与えてきたドイツの国際政治学者ハンス・マウル（Hanns W. Maull）は、今もドイツがシビリアン・パワーとしての特徴を維持しているとみる。その上で、クンドナニの地経学的国家論を次のように批判する。マウルによれば、地経学的国家の概念は、米国の政治学者リチャード・ローズクランスが唱えた「貿易国家」論に近い。「貿易国家」は、国際貿易に特化し、貿易と軍事力の密接なつながりを拒否する特性を持ち、政治的・経済的目的を達成するために経済的手段を用いるという。そして、地経学的国家の議論を支える証拠としてクンドナニは、リビア上空飛行禁止空域設定に関する国連安保理における２０１１年の投票行動で、ドイツが同盟国の米国や英国、フランスと足並みをそろえずに棄権し、結果として中国やロシアと同じ立場をとったことを取り上げる。

マウルによれば、クンドナニが用いる証拠の多くは２００３年から２０１３年、中でも２００９年から２０１３年のキリスト教民主・社会同盟（ＣＤＵ・ＣＳＵ）、自由民主党（ＦＤＰ）の連立政権期のものであり、中国との「戦略的パートナーシップ」と称する経済関係の急速な深化等を背景に、輸出産業のほか、ユーロ圏においては銀行をはじめとする経済界の利益を図る外交政策が推進されていた時期だと指摘する。ところが、この時期はユーロ危機への対応を含む例外的な外交を迫られた時期である上、クンドナニは軍事力に代わって、影響力を行使するための手段として経済力だけを想定して、議論を単純化して考えており、外交の重要性を無視していると批判する（H. W. Maull, 'Reflective, Hegemonic, Geo-economic, Civilian...? ── The Puzzle of German Power', *German Politics*, vol. 27. Nr. 4, pp.460-478, Routledge 2018）。そして、ドイツのその後の外交政策は再び、シビリアン・パワーのそれに戻ったと反論するのである。

マウルはしかし、クンドナニが本書で提起している論点がドイツと欧州の将来を考える上で極めて重要な意味を持つことを認め、本書ドイツ語版（２０１６年刊）では、名著『自由と統一への長い道

(2)――ドイツ近現代史1933―1990年』(日本語版は昭和堂、2008年)で知られるドイツ歴史学の泰斗ハイリヒ・アウグスト・ヴィンクラーとともに、マウルがドイツ語版出版に力を貸してくれたことを、クンドナニは明らかにしている。ケンブリッジ大学の国際関係史家であるブレンダン・シムズも本書執筆段階からメンターとなり、本書に推薦文を寄せるなど、ドイツや欧州の専門家から高い評価を受けている。

ドイツでは、2015年に中東から大量の難民が入国し、難民による犯罪も発生したことから、メルケル首相に対する批判が高まり、2017年の連邦議会選挙では政府与党が大敗し、反難民を訴える欧州懐疑主義の右派ポピュリスト新党「ドイツのための選択肢」(AfD)が急伸し、いきなり野党第一党となった。その後も、政府与党は州議会選挙で相次いで敗北し、メルケル首相は2018年10月にCDU党首からの辞意を表明、メルケル時代の終わりを迎えつつある。ドイツだけではなく、フランスでは国民連合(旧国民戦線)、オーストリアでも自由党など、欧州諸国で近年、欧州懐疑主義の右派ポピュリスト政党が急伸している。加えて、英国によるEUからの離脱は、戦後欧州の秩序安定の礎《いしずえ》となってきた欧州統合構想にとって大きな転換点である。他方で、「アメリカ・ファースト」を標榜し、孤立主義への回帰を思わせるトランプ米大統領の登場は、これまで所与とされてきた欧州の安全保障への関与に対する信頼感を失わせ、米欧関係の弱体化の可能性を感じさせた。欧州は間違いなく、姿を変えようとしている。

ドイツはクンドナニが言うように、政治的・経済的目標を達成するために経済的手段を用いる地経学的な欧州の準覇権国家としての性格をさらに強めていくことになるのだろうか。それとも、マウルらが言うように、一時的にはそう見えたとしても、シビリアン・パワーとして進化を遂げていくのだろうか。もしクンドナニが言うような性格をドイツが強めていった場合、欧州はどんな姿になっていくのか。アジアとの関係においても、ドイツは中国と「戦略的パートナーシップ」をうたい、緊密な関係を構築しているが、その関係はさらに強化されていくことになるのだろうか。そして、リベラル国際秩序の中で、ドイツはどのような役割を果たすことになるのか。その場合、日独関係はどのように変容していくことになるのだろうか。

このような数々の重要な課題を考える上で、本書は数多くの示唆を与えてくれるはずである。とりわけ、「日本語版への補遺」で論じられているように、ナチスの歴史を踏まえて戦後に育んできた「平和国家」と「輸出国家」という自国のアイデンティティを背景に、同盟国であるはずのトランプ米政権から安全保障の基盤を揺さぶられ、「フリーライド」と非難されるドイツの姿は、日本人の我々にとって、到底他人事とは思えないのである。

＊

本書の訳出に当たっては、原著者と随時連絡を取り合って、正確な意図を把握するように努めるとともに、ロンドンの王立国際問題研究所で打合せを行った。クンドナニは、五ヵ国語目となる日本語への翻訳を歓迎し、「日本語版への補遺」の執筆を快諾してくれた。また、ドイツや欧州に関わる数多くの先行研究を参照し、訳語の選択を含む翻訳作業の参考にさせていただいた。むろん、訳語の選択や残り得る誤訳は訳者である私ひとりに責任があることは言うまでもない。

ドイツや欧州に関わる研究を続けてきたが、翻訳書の出版は、ベルリン自由大学における留学を終えて１９９１年の帰国後に取り組んだ『ドイツ統一過程の研究』（ゲルトヨアヒム・グレースナー著、青木書店、１９９３年）以来、26年ぶりのことである。いやが上にも当時のことを思い返しながらの作業となり、この四半世紀におけるドイツを取り巻く国際環境の変容を改めて思わずにはいられなかった。当時は、半世紀近い分断の克服と冷戦終結の先に、欧州統合の文脈の中で発展していく統一ドイツの姿が、日本を含むドイツ国内外で想定されていたように思う。広い意味ではその想定は間違ってはいなかったが、ＡｆＤのような欧州懐疑主義政党が欧州各国で伸長する現実を目の当たりにし、欧州統合の進展をやや楽観視し過ぎたきらいがあったのかもしれないとも感じる。

本書を知ったのは、私が研究代表者を務めた科学研究費基盤研究Ｃ（１５Ｋ０１８７２）「ドイツの安全保障規範の転換点――連邦軍のアフガニスタン派遣にみる国内世論と政策選択」の研究を進めていた折であった。ドイツが安全保障政策をどのように変化させていくのかは訳者の一貫した研究関心の分野であるが、関連論文を読み進める中で本書の存在を知り、手に取ったのである。

日本とも共通する部分があるが、戦後、平和主義を国是としてきたドイツが冷戦期、基本法（憲法）上の制約から、北大西洋条約機構（ＮＡＴＯ）域外への派兵を控えてきたにもかかわらず、冷戦終結とドイツ統一の直後に勃発した湾岸戦争（１９９１年）への対応をめぐり、米国や同盟国から派兵を強く要請されたが、基本法上の制約を理由に断り、代わりに財政支援と戦闘終結後の掃海艇派遣のみで対応した。その対応はそのまま日本のものと重なるが、同盟国からは大変厳しい批判が浴びせられたのである。

それ以降、ドイツは同盟国と同じ水準で海外派遣に対応できるよう、徐々に環境を整え、政策を徐々に転換してきた過程に着目し、『ドイツの安全保障政策――平和主義と武力行使』（一藝社、２００６年）として刊行した。そうした研究の延長上に、ドイツは依然として、マウルらの言うシビリアン・パワーなのか、あるいは別の道を歩んでいるのか、もしそうなら、どんなパワーを目指しているのかという問題意識を抱えていた。そのような時に出会ったのが本書であり、日本に紹介する意義があるのではないかと考えた次第である。

＊

本書の出版に当たっては、学術図書の刊行が厳しいなか、一藝社の菊池公男会長、小野道子社長、編集部の松澤隆さんにその学術的意義を認めていただき、再びお世話になった。設立以来、志している「良質な専門図書」の出版という同社の眼鏡に、本訳書の内容と水準がかなっていることを願うばかりである。また、お一人お一人お名前を挙げることまでは控えるが、学会や研究会で学問的刺激と励ましを与え続けてくださっている先生方、いつも切磋琢磨の機会を頂いている勤務校・名古屋大学の同僚の皆さんに、心からの感謝を申し上げたい。

本書がドイツや欧州、国際政治・経済に関心のある研究者や専門家、学生、ビジネスパーソン、ジャーナリストをはじめとする皆さんに広く手に取っていただけるのであれば、訳者としてこれに勝る幸せはない。

２０１９年7月吉日

ＥＵの欧州委員長に、ハルシュタイン欧州経済共同体（ＥＥＣ）の初代委員長（１９５８～67年）以来のドイツ出身者、ウルズラ・フォンデアライエン国防相が決定したとのニュースを聞きながら

名古屋・東山の研究室にて

中村　登志哉

【著者紹介】

ハンス・クンドナニ
Hans Kundnani

英王立国際問題研究所（チャタムハウス）上級研究員。英バーミンガム大学アソーシエイト・フェロー。欧州外交評議会（ECFR）研究部長、ドイツ・マーシャル財団（ワシントン）上級研究員などを歴任し、2018年から現職。ドイツやヨーロッパの政治・外交問題を専門とし、有力学術誌『フォーリン・アフェアーズ』などに寄稿している。著書には、本書のほか、『ユートピアかアウシュビッツか――1968年世代とホロコースト』（オックスフォード大学出版局、2009年）がある。本書はドイツ語、スペイン語、イタリア語、韓国語に翻訳出版され、国際的に読者を獲得している。1972年生まれ。英国出身。

【訳者紹介】

中村 登志哉
Toshiya Nakamura

名古屋大学教授。専門は国際関係論、特にドイツ・欧州と日本の外交・安全保障政策。メルボルン大学（オーストラリア）政治学研究科博士課程修了、Ph.D.（政治学）取得。著書に『ドイツの安全保障政策――平和主義と武力行使』（一藝社）、編著に『戦後70年を越えて――ドイツの選択・日本の関与』（一藝社）、訳書に『ドイツ統一過程の研究』（ゲルトヨアヒム・グレースナー著、青木書店）、共著にShearman, P. ed., *"Power Transition an International Order in Asia:Issues and Challenges"*（Routledge, 2013年）などがある。1960年、愛知県生まれ。

装丁——アトリエ・プラン

ドイツ・パワーの逆説　――＜地経学＞時代の欧州統合――

2019年11月1日　　初版第1刷発行

著　者　　ハンス・クンドナニ

訳　者　　中村 登志哉

発行者　　菊池　公男

発行所　　株式会社 一 藝 社
〒160-0014 東京都新宿区内藤町1－6
TEL 03-5312-8890
FAX 03-5312-8895
振替　東京 00180-5-350802
E-mail : info@ichigeisha.co.jp
HP : http://www.ichigeisha.co.jp

印刷・製本　　モリモト印刷株式会社

ISBN 978-4-86359-196-7 C3031